Piero Baroni

RIMEMBRANZE
PAGINE DI VITA

Il rischio è scrivere delle fesserie.

L'impegno è quello di dire la verità, spiacevole che possa essere.

L'interlocutore, non un prete, non un magistrato, non un confidente, ma solamente me stesso.

Lungo il percorso ultimo dell'esistenza, quando le illusioni sono patetiche finzioni e le immagini si mescolano caoticamente, nel penoso tentativo di mettere a nudo la verità di se stesso, in un impasto in cui è impossibile distinguere gli ingredienti, si avverte imperiosa la forza di affrontare la realtà, e di proclamarla, senza enfasi o altro marcio additivo.

Bisogna tornare ai momenti in cui mi rifugiavo lungo i fianchi impervi di una montagna che sulla sinistra incombeva solenne a formare il mio orizzonte e si appoggiava quasi con umiltà ad una sorella, ricca di una corona di roccia; quella che fungeva da mio rifugio si chiama ancora oggi, almeno per me, *Possimo*.

L'altra, quasi a voler sottolineare, la propria nobiltà, *Corna Lunga*. Sono le due montagne che tracciano il perimetro mancino della valle entro cui sorgono alcuni paesi, forse un tempo villaggi dell'età primitiva, o della preistoria: non mi sono mai interessato di sapere quali fossero le identità delle altre cime che discendevano dalle Prealpi e si spingevano sino al lago: sapevo solo che sulla destra, dopo una torre di roccia sulla cui vetta era stato, chissà quanti secoli prima, eretto un convento, ora soltanto un rudere, a proseguire in una ideale parete a chiudere in un budello orrendo e opprimente, la valle, troneggiava tronfio, con una folta capigliatura di abeti e larici, imponendosi, come un'epa enorme e sgraziata, Bossico, circa ottocento metri d'altitudine, e sull'enorme gonfiore, le tracce di una strada con una fitta serie di tornanti a segnare i confini estremi del suo disgustoso ventre e l'obbligo di seguirne il segno per non rotolare giù, di schianto.

Anonime le altre cime sino a chiudere la valle e a spegnerla, seccamente, all'intersezione con una rotabile che dalla pianura, lontana decine di chilometri, con direttrice puramente indicativa, sulla sinistra rispetto a dove mi rifugiavo, si spingeva sino al valico denominato Passo della Presolana che consentiva poi di tuffarsi in una valle che sfociava a Boario Terme. Là vi erano paesi noti, persino località abbastanza rinomate, stazioni di soggiorno, idonee ad accogliere villeggianti, quelli, che nel paese dove, tremebondo, ero costretto a vivere, chiamavano con disprezzo: "forestieri"...

Dal mio rifugio, forzando lo guardo, onde tentare di distinguere il punto dove la valle moriva alla sua fonte, vedevo ergersi e tutto schiacciare, la muraglia delle Alpi e oltre, ben visibile nelle giornate di luce, lo scintillio delle nevi e dei ghiacci eterni; quale preludio, si vedeva chiaramente la Presolana, con i suoi demilacinquecento metri e oltre, e rocce a picco, a suggerire rispetto, riflessione, prologo a creature fatte di immaginazione e desiderio. E dietro, tra la caligine della nuvolaglia frastagliata dalle gelide correnti, i profili quasi trasparenti delle vette spinte sin oltre tremila, tremilacinquecento metri con a svettare il vertice del passo del Sempione, la Marmolada e sulla destra della strada statale, il poderoso massiccio da cui si innalza, solenne, la vetta dell'Adamello (3.556 metri). Il tutto lasciando indovinare l'Ortles, i suoi 3.899 metri, il Gran Zebù (3.859 metri), il ghiacciaio di Forni, punti straordinari delle Alpi Retiche. Massiccio tutto italiano, tra Lombardia e Trentino Alto-Adige.

La biblioteca di Zio Piero.

Una miniera più che una biblioteca. Come tale la considerai e proprio
mi parve d'essere un minatore addentrandomi nelle gallerie e nei
cunicoli ove il sapere, le informazioni, le reticenze e le molte,
moltissime verità manipolate giacevano immote, ma non per questo
meno attraenti e stimolanti, di fronte ai miei occhi poveri di
conoscenze, al mio essere misero e sperduto, ove il vuoto era il
massimo dell'avere e il totale della sua ricchezza. Impossibile fornire
una cifra ragionevole delle ore trascorse là, dove letteralmente mi
nutrivo di vicende, avvenimenti, immagini, alimentando la mia sete di
conoscenza: sfogliavo, insaziabile, le pagine delle "Domeniche del
Corriere" indugiando sui particolari delle copertine firmate Achille
Beltrame e poi su quelle in bianco e nero delle "Vie d'Italia", fotografie
a tutta pagina, alcune delle quali, ad esempio, quelle della strada
costiera libica, la cosiddetta via Balbia, che ritraevano le colonne italo-
germaniche in avanzata verso Marsa Matruh, visione rimasta impressa e
indelebile nella mia memoria. Forse da quelle pagine e da altre simili
scaturì, anni dopo, la volontà di studiare la seconda guerra mondiale e
la decisione indeflettibile di scriverne dopo ricerche, anche frenetiche,
delle verità mistificate e manipolate, per portare alla luce del vero e dei
documenti inoppugnabili gli autentici profili.

E poi i libri, ad esempio la prima edizione, in due volumi, ricordo, dei
"Diari di Ciano" e l'Iliade, l'Odissea, l'Eneide, difficili da leggere e da
ben comprendere, soprattutto l'Eneide. Il mio eroe era Achille,
furibondo nella sua ira, ma al tempo stesso, a me parve, fragile e
melanconico, assetato d'amore. Anche lui desiderava qualche carezza,
come quelle che io davo al mio cane, Book, un grosso pastore
bergamasco, che pareva guardare con me le fotografie, i disegni, le
pagine delle cartoline del pubblico e trattare con riguardo quelle
raccolte non tutte ancora rilegate in volumoni pesanti, ma solidi e

protetti, tesori inestimabili di vita.

Anch'io, mi dicevo, farò così quando potrò, ma non accadde.
Accadde altro.

Venne la scuola, anni tristi, lividi, plumbei e l'esordio fu il collegio,
un periodo orrendo che rischiò di uccidermi spiritualmente e che mi
portò ad odiare il prossimo e vederlo come una costante minaccia, una
insidia velenosa. Materializzatasi nella figura di un parroco di Lovere
che tentò di avermi entro un confessionale. Avevo compiuto da qualche
settimana gli undici anni. Fuggii, urlando il mio orrore, lanciando
calcio, giocavo bene a pallone, e mai più mi accostai ai preti che avrei
voluto, e per molto tempo ho desiderato, uccidere, uccidere tutti, tanto
mi facevano, e mi fanno, ribrezzo! Non confessai ad alcuno il rischio
che avevo corso e quando implorai mia madre di togliermi dal collegio
ed ella mi disse, ma per andare a scuola dovresti camminare per sei
chilometri ad andare e sei a tornare, anche dieci, mormorai tremando…
Non so… forse ella intuii e qualche settimana più tardi, dopo una lunga
visita col medico condotto che mi chiedeva perché tremassi tanto e
reagivo impallidendo se qualcuno mi sfiorava, tornai libero… Ecco…
ero libero, vivevo della mia libertà. Correvo a perdifiato sul fianco delle
mie montagne… mie?...No!... io appartenevo a loro… e mi sedevo
vicino ai cespugli e singhiozzavo, sempre con la sensazione che
qualcuno mi inseguisse. Finché, smisi di studiare e i voti divennero
pessimi, orrendi…marinavo la scuola. Mi muovevo a piedi, portavo con
me nella cartella un librone di storia della Grande Guerra, quelli scritti
da Roberto Mandel, e mi nascondevo in un boschetto, a fianco della
strada e aspettavo l'ora di tornare a casa, fingendo di essere stato a
scuola. Contavo i rintocchi dell'orologio del campanile della
Parrocchia.

Mia madre badava poco a me. Eravamo soli, lei e io, nella villa
nuova. Mi sorella, Annetta, era in collegio delle suore a Bergamo. Mio
padre, disse un giorno la mamma, dopo avermi picchiato perché ero

disubbidiente e scappavo, sempre, a nascondermi sulle montagne e lei
rimaneva sola, senza niente da mangiare e senza riscaldamento anche
quando la neve copriva tutto: tuo padre, diceva, se ne è andato con
un'altra donna. Eravamo nel 1949 o giù di lì. Non tenevo annotazioni
su un' agenda a quell'epoca.

E chi sapeva cosa fosse un'agenda??? E anche ora, raramente…
Non sono molto intelligente o intuitivo. Mia madre me lo diceva
spesso e soggiungeva. Sei un mascalzone, come tutti i Baroni, finirai in
galera…

Io non capivo, mia madre mi aveva chiesto di non parlare con
nessuno di questa faccenda… e io imparai così a tenere i segreti e la
bocca chiusa, ma non dimenticavo. E divenni insuperabile a sopportare
le percosse, stringendo i denti. Anche quando, dopo un scarica di pugni
sulla schiena, sputavo sangue.

<Sei una sfinge>, mi disse molto tempo dopo un colonnello dei
Carabinieri… farai uno splendido lavoro… allungò una mano per
sfiorarmi, la testa … mi ritrassi… serrando i pugni…Senza rendermene
conto, mi parve di essere ripiombato in quel passato allucinante…
ISTINTIVAMENTE… avvertii il desiderio di uccidere.

- Calma…calma…giovanotto, disse l'ufficiale…non sono io il
nemico… *hiccup*
Soffocai un singhiozzo. Rimasi immobile, come paralizzato.

Fu l'ultima volta che vidi davanti agli occhi l'immagine ributtante di
quel porco di prete.

Chiesi scusa…

- Scusato, rispose il colonnello…. Scusa tu, soggiunse subito, e ci
stringemmo forte la mano. Aveva capito!!

Trascorsero anni, .. li vissi malvolentieri in quel paese chiuso in una
valle triste. Giocai a calcio nella trafila dei ragazzi, allievi, riserve
dell'Atalanta calcio, quando ancora lo stadio si chiamava < Brumana> e
nella squadra di serie A giocavano Angeleri, i fratelli Cadè,

Longoni,Corsini, e, incidentalmente, Bassetto, Annovazzi, Soerensen, detto <il pastore>, passato in seguito al Milan. Ma non era il mio ambiente.

Decisi di completare gli studi e con il supporto di lezioni private e di una scuola serale, mi presentai agli esami come privatista, con un ultimo supporto di una sostanziosa preparazione da parte di una cugina di mio padre, insegnante di lettere in un Istituto Tecnico Commerciale di Viterbo.

Conquistai così il titolo ufficiale di ragioniere e perito commerciale, con tanto di diploma di scuola statale; potei ,in tal modo, proseguire gli studi all'Università di Urbino, segnatamente, per mia specifica scelta, nella facoltà di lettere con specializzazione in Giornalismo. Una trentina di esami, in più, piuttosto impegnativi, ma mentre la fatica procedeva, mi rendevo sempre più conto che quella era la mia strada, e posi termine all'impegno universitario con più che discreti risultati. In sostanza, ero riuscito a trovare una specie di tregua con la famiglia e la famiglia si era convinta, probabilmente per noja e interessi diversi, nei quali non avevo spazio, di non poter tenermi incatenato a vecchie stantìe tradizioni (di cui preferisco non parlare). ⊁

Mio padre (pur rimanendo un estraneo e tenendo un rapporto puramente fiscale con mia madre) e mia madre, sicuramente, fingendo ipocritamente di aver <salvata la faccia>, di fronte al pettegolume infame e maleodorante del paese, aveva smesso di picchiarmi e, in particolare, di non attendere che mi fossi addormentato per salire a picchiarmi, selvaggiamente, utilizzando una pentola di alluminio. Ambedue… erano ormai personaggi di fondo scena della mia esistenza: mi stavo, sia pure a fatica e con una penosa serie di rinunce e non poco dolore fisico, affrancando da una durissima schiavitù. Ma le cicatrici non si sono rimarginate…

Non avevo le idee chiare e ancora oggi, a tanti decenni di distanza, avverto un balbettìo psicologico, una zona oscura a turbare i miei pensieri, l'impossibilità di comprendere le ragioni vere di quel tormento.

Conviene solo aggiungere che, in base a quanto previsto dalla Legge, frequentai il periodo di praticantato giornalistico (un biennio) nella Redazione del quotidiano "Il Secolo d'Italia", in Roma, dapprima Redazione Interni/ Province e in seguito Redazione Esteri. Sostenni, quindi, l'esame di Stato e, dopo averlo superato, fui autorizzato a iscrivermi all'Ordine Nazionale dei Giornalisti, dove tuttora risulto iscritto, quindi da più di cinquant'anni.

Ebbi anche l'ardire di vivere la mia vita, non senza aver dapprima affrontato un periodo che ebbi il coraggio, se non la sfrontatezza, di classificare di purificazione.

Nel volgere del tempo, dovetti prendere atto dei miei limiti, invero alquanto angusti.

Temevo le donne, pur essendone attratto. Una specie di blocco mi impediva di avviare un dialogo: ancora non ero riuscito a capacitarmi e non lo sono mai stato, di avere una voce suadente, gradevole, calamitante, un dono dovuto a mio padre, a quello che, poi, ebbi ad apprendere, era classificato <dna>.

Una latitudine mia propria. La paura. Era quella, la mia compagna. Scappavo di nascosto, scavalcando la finestra di un salotto, lasciandomi cadere in una aiuola e poi correndo, come un fulmine, ignorando le grida di chi intendeva impormi di fermarmi, di tornare indietro, inseguito da una minaccia terrificante, faremo i conti stanotte…Il preludio alle percosse, tramite la pentola d'alluminio… E correvo, correvo…correvo fino a quando…la visione del paese veniva letteralmente inghiottita dalla vegetazione dominante il verso dell'altura, consentendo di scorgere solo i tratti incerti, danzanti entro la risacca di bave di nubi, dei margini delle rocce, frastagliate, proteggendo con il palmo delle mani gli occhi, offesi dagli ultimi raggi di un sole morente, a spegnere il giorno… volgevo il capo verso l'oriente dove attendevo, impaziente, illuminarsi, sorgere sullo sfondo del vuoto, le stelle di una costellazione, senza nome: un quadrilatero irregolare entro cui pareami accendersi, proprio nel centro ideale, un ricamo, tre stelle ancor più luminose, quasi a stringersi, l'un l'altra, e dominare, quel tratto di cielo, segnato dai bordi di due montagne a formare la cornice di quel crepuscolo, fiammeggiante, sul versante opposto, e mormorare, così mi parve, parole sconosciute, che avrei voluto sfiorare con le labbra, chiedendo l'eternità di quegli istanti. Appena possibile...

Mi dedicavo alla lettura di testi storici, con l'intento di riuscire a comprendere le motivazioni che avevano spinto grandi guerrieri e condottieri ad affrontare imprese di enorme rilievo e nella miniera di zio Piero, trovavo sempre qualche testo capace di catturare la mia totale attenzione e fornirmi argomenti di riflessione e di ulteriore approfondimento: primo fra tutti, anche per i miei limiti di conoscenze delle lingue, Napoleone e, in particolare, le sue profonde innovazioni tecniche, ad esempio, le artiglierie in prima linea…

…poi crollavo…chiudevo gli occhi … fissavo il cielo tentando di scoprire il tenue bagliore delle stelle che apparivano man mano e oscuravano i raggi morenti del sole che si paludavano delle prime oscurità, lanciando nello spazio, che da azzurro diveniva nero, lunghe frecce di luce giallognola…come lacrime di speranza, creando echi di paura.

Finché venne il giorno della libertà.

Come accadde? Fu un 21 settembre, la data del mio compleanno. Il ventunesimo, per l'esattezza: la maggiore età. Avevo la facoltà di decidere da solo del mio destino ed ebbi la forza di farlo!!!

Mi arruolai. In Marina. Ma dopo poche settimane, fui convocato da un superiore con molte strisce dorate sull'avanbraccio. Un Capitano di Vascello, equivalente a un colonnello e alquanto formale.

- Non sappiamo molto di te, disse. Sai nuotare bene e hai giocato parecchio al calcio, non sei portato a imparare le lingue straniere, ma sai scrivere decentemente. Sappiamo della tua specializzazione in giornalismo e questo ti rende appetibile per l'incarico che vorremmo affidarti.

Sei disposto a seguire alcuni corsi oltre confine?

- Dove? domandai di getto.

- Svizzera…per cominciare…. rispose il comandante (mi aveva precisato di rivolgermi a lui in quel modo).

E, fu l'inizio.

Località: Biel-Bienne cittadina degli orologi, alloggio nell'albergo Elite, inizialmente: dappoi, un albergo più modesto, ma abbastanza accogliente. Non ne ricordo il nome.

Trascorse circa un anno, con qualche <scappata> in Italia, mi ero innamorato di una collega di università, a Urbino: il suo nome era Fanny. Bella, nobile, dei Doria, un gran seno, qualcosa di fantastico, almeno da quanto si poteva intuire dallo sguardo esterno: potei baciarlo, carezzarlo, ammirarlo soltanto dopo il matrimonio, che si celebrò nel 1962, il 21 di luglio, per l'esattezza.

Matrimonio che durò poco meno di 51 anni, esattamente cinquant'anni e sette mesi. Fanny mi fu rapita da un maledetto tumore al pancreas, uno dei peggiori, dissero i medici. Mentre scrivo, sono poco meno di cinque anni che Fanny è deceduta, ma ancora sento la sua voce e vedo la sua ombra passarmi vicina, vicina, e continuo ad amarla, disperatamente. Fanny! Fanny!!!

Vive con me. In me.

Non ho perdonato il Padre Eterno, per avermela portata via in quel modo tragico. Non lo meritava. Era stata una moglie fantastica, una madre, di due figli, straordinaria, una <collega> di lavoro formidabile. Doveva portare via me, non Lei.

Io, non servo a niente, a nessuno.

Lei era la vita, la bellezza, l'eleganza, la grazia, la dolcezza, l'amore.

*** *** ***

Mi fu chiesto di ascoltare.

Parlava un signore in abiti borghesi.

Con distacco, pacatamente, ma con estrema chiarezza.

Mi avevano fatto accomodare, così mi dissero, in una saletta riservata e la riservatezza doveva essere la cornice di quel colloquio. In effetti fu un monologo, quello della persona in abiti civili; ebbi subito la percezione trattarsi di un militare, di grado elevato, visto come veniva trattato dal personale di quegli uffici.

Mi rassegnai ad ascoltare. D'altra parte sarebbe stato scorretto opporre un diniego a tanta squisita cortesia.

Ogni tanto mi accadeva di rammentare quale fosse stata l'educazione, le regole impartitemi e quale la scuola seguita entro le mura della villa antica nella quale avevo vissuto per parecchi anni, applicando le regole acquisite, quasi fossero una seconda pelle.

Una frase in particolare rieccheggiava nella mente, come una eco lontana: aveva la voce, ormai distorta, di zia Maria.

- Ricordati, Vincenzo Piero, il nostro sangue, è blu... (e dopo una lunga pausa) - rifletti su quello che udrai ...

E mi predisposi ad ascoltare.

-...Saremmo molto lieti di poter annoverarti tra i nostri allievi...ti accosterai alla psicologia, avrai modo di metterti alla prova... nell'interpretare messaggi subliminali... che voleva dire' ('???) e in codice, e apprenderai il silenzio e le sfumature dei dialoghi costruiti con vocaboli di lingue a te sconosciute...ti si apriranno orizzonti che metteranno a dura prova la tua capacità di interpretarli e di farne cosa tua. E, ancora... avrai confidenza con situazioni, eventi, realtà, apparentemente incomprensibili, autentici enigmi insolubili, inquietanti...

...dovrai indagare, discernere, mettere in chiaro retroscena e dare voce a suoni stridenti, miscugli sgraziati di frasi smozzicate entro cui si celeranno verità e falsi, frammisti a vuoti incolmabili, ove il significato dei messaggi, porrà ulteriori interrogativi, e negherà qualsivoglia logica, ogni possibilità di coerenza e di chiarezza.

Avevo la sensazione di galleggiare nel vuoto e la voce della persona in abiti civili aveva una tonalità falsa, avrei giurato che fosse artefatta, apposta, per ingannarmi e nonostante i miei sforzi per tentare di capire chi fosse a pronunciare quelle frasi, non riuscivo a dare corpo a quei discorsi. Mi parve, persino, di essere stato ipnotizzato.

Allora reagii, violentemente, gridai, urlai, afferrai non so cosa e brandìi l'oggetto come un'arma…e quando il fenomeno che mi aveva avviluppato perdette consistenza e mi resi conto di avere la padronanza di me stesso, e di stringere tra le mie mani il collo della persona in abiti civili.

Immediatamente mollai la presa. E cadde un silenzio gelido in quella stanza. Unico segno di presenza, il mio respiro affannoso e un colpo di tosse.

Trascorsero lunghi minuti di vuoto e i miei pensieri mulinavano, disordinatamente. Che mi era accaduto? ero stato drogato? Ero soggetto a una manovra? avevo perduto completamente il controllo e istintivamente cercavo di difendermi?

Non so quanto tempo trascorse? Mi resi conto che qualcosa mi punse su una spalla, proprio vicino all'ascella e mi venne sonno.

Quando mi risvegliai la stanza era buia e solo una piccola luce era puntata su di me impedendomi di distinguere chi vi fosse, lì davanti sorridendo.

Poi udìi un voce. Dal tono baritonale.

- Lei sarebbe capace di uccidere con le sole mani… dovrà imparare, rapidamente, a controllare la sua forza.

Una lunga pausa, poi la voce riprese:

- L'abbiamo sottoposta ad una prova piuttosto dura…riprenderà totalmente il suo equilibrio in un paio d'ore. Rimanga qui. Sarà solo.

La voce tacque.

Udìi soltanto lo scalpiccìo di passi lievemente strascicati. Si fece buio, impenetrabile e, poco dopo, un luce sfolgorante illuminò la stanza.

Era un salotto elegante.

Proprio nell'angolo, di fronte a me, un pianoforte a mezza coda. L'arredamento era formato da due divani e quattro poltrone e alle pareti, quadri di soggetto marino. Navi da guerra. Su un tavolino a fianco dei divani sistemati a elle, e lo sfondo era mare, mare infinito... appena scosso da una brezza che ne sfiorava la superficie: una fotografia... misi a fuoco i soggetti ritratti...ero io e accanto a me, nella foto, si intende, un ufficiale... mare forza uno/due avrebbero sentenziato gli esperti, applicando i criteri tecnici della scala di Bofort (salvo errore del nome di questo mago dei venti).

Fotografia? scattata in quale occasione? Quale missione? Oceano Indiano...Golfo Persico...Mediterraneo orientale... Canale di Suez... Mar Rosso...ah... la mia enorme distrazione, l'errore, madornale... di non annotare sistematicamente date, rotte seguite, tempi...obiettivi...e, prima di ogni altra informazione...l'unità dove ero imbarcato...

Cominciava, automaticamente, il lavoro dell'inviato speciale: osservare, fissare nella mente l'ambiente nel quale ci si stava muovendo, percepirne quanto più possibile l'atmosfera, il significato, la proiezione, il tutto per costruire il testo del <pezzo> da riversare, via satellitare, a Roma, alla sala del GR.1 e ,dopo aver scritto un secondo <pezzo>, se richiesto, E riversarlo al <GR.2>.

Una procedura che cominciava alle ore 06.00 e si chiudeva alle ore 24. Con il pezzo che sarebbe poi stato trasmesso nel GR. delle 24.00, appunto, un giornale radio irradiato anche per molti Paesi d'Europa (Germania, Portogallo, ad esempio) e dalle emittenti in lingua italiana in Australia.

Un lavoro non da poco, (insomma…).

***

Era indispensabile scartabellare le pagine della memoria e individuare quelle valide, utili, conformi all'argomento che si intendeva affrontare e sul quale costruire il <messaggio> agli ascoltatori.

Cosa si poteva dire di nuovo o di corretto? Scavare nel recente passato? Evidenziare speranze e attese?

O, più semplicemente, ammettere di avere paura del futuro? In effetti era così. D'altronde si era già sottolineato quel particolare stato d'animo.

Anche se sussisteva il profondo desiderio di abbandonarsi al dialogo con qualcuno che non costituisse una minaccia, o, addirittura, un pericolo immanente, nell'abisso della sensibilità predominava il terrore, qualcosa che si rivelava con un tremore incontrollabile, nell' impossibilità di mantenere l'equilibrio, nel divenire bersaglio dell' incapacità di essere me stesso, di parlare correttamente, di… qualsivoglia intento…della necessità di aggrapparmi all'ombra incerta dell'illusione entro cui si dibattevano l'orgoglio e l'impotenza, la volontà e la miseria spirituale, e incombevano l'effimera, viscida, velenosa verità dell'educazione religiosa e la forza poderosa di ciò che esprimeva il distacco totale, persino impetuoso, della sostanza materiale del divenire vero, fatto di pecosse, punitive, persino selvagge, di condanne prive di umanità e di speranze, con il profilo brutale, inappellabile delle sentenze di morte.

A distanza di tempo, con la consapevolezza di ciò che ero divenuto, ebbi la conferma che all'origine della mia disperazione vi erano i residui e le eredità oscure di un retaggio frutto orrido delle eiezioni di una forma oltraggiosa di una inquisizione morale, di una sorta di maledizione coltivata con la paura, con la minaccia costante di punizioni corporali.

Il singhiozzare incontrollabile, la paura della paura, l'incertezza dell'attimo seguente, l'invocazione della pietà, lo spartito della vergogna, il vuoto terribile che avvolgeva il silenzio gelido delle risposte mute, divenivano, i protagonisti unici delle giornate. E ci si malediva per la mancanza del coraggio di porre fine ad una esistenza così squallida e vile.

Anche in precario equilibrio sul ciglio ghiaioso di un precipizio, con un vuoto terrificante a formare il proprio futuro, abbandonandosi alla morte, mancava sempre l'attimo cieco, il nero profilo del nulla entro cui bruciare ogni dignità, ogni rifiuto, ogni velleità. In cui spegnersi, come tenue brillar di speme, come lampo di fede, come eco di sete, inesauribile, d'amore.

La riflessione confermava la mancanza di coraggio, le domande si susseguivano implacabili, ma sempre uguali e monotone, nel ribadire la ferma volontà di vivere, di combattere, di seguire la via tracciata dall'addestramento, pianificato, applicato, persino psicologicamente auto imposto, con uno sforzo enorme, ma quanto mai efficace, nell'avvertire il mutamento mentale che via, via si andava sovrapponendo alla debolezza sancita dal disprezzo del clima entro cui ero costretto, sin quasi a considerarlo giusto, normale.

Senza rendermene conto si verificava in me una mutazione. Non era assuefazione, non accettazione supina, non resa incondizionata, ma un rinnovarsi di pelle, una sostituzione di procedura mentale, come spogliarsi di un'anima logora e indossarne una nuova, immacolata, dura, aspra, ruvida, invulnerabile. Maturazione, dissero. Liberazione, esclamai!

Ne seguì una considerevole risata.

Forse, pensai, una sorta di benvenuto nella squadra...

Non avevo dimestichezza con l'ambiente; in tutta chiarezza, non ero sicuramente divorato dal desiderio di farmeli tutti amici: sono sempre stato un solitario.

L'alter ego di me stesso ero sempre io.

E fui piacevolmente sorpreso di apprendere che anche il capo era di questo avviso . Tanto è vero che mi assegnò una missione individuale. Trovare la tomba di un capitano tal dei tali, killed in action sulla spiaggia di Omaha.

Muovermi tra le file di croci di marmo, marmo proveniente dall'Italia, con inciso il nome, il grado, l'età, il Reparto, la data della morte e, in basso, su numerose lapidi, una dedica dei familiari, alzare lo sguardo e vedersi circondato da decine, centinaia di lapidi, sfolgoranti sotto il sole d'agosto, sentirsi piccolo, solo, coinvolto nell'immaginario di una battaglia furibonda, era vivissimo il desiderio di poter rimanere, senza orario, senza meta, senza obblighi, in quello scenario di memoria, di rispetto, di quiete, di verità autentica che nessuna guida, nessun racconto pur autorevole riuscirebbe mai a far rivivere.

Una identificazione polarizzante, il coraggio di commuoversi, l'ansia di ammettere di voler sognare.

Avvolgere lo scenario in un unico sguardo, per poi poterlo sciorinare durante le ore di veglia notturne, quando il sonno si nascondeva nei ricordi, nelle immagini riaffioranti come fantasmi e come ombre in abiti succinti, donare momenti di illusione, con il candore e la verità sublime di un'estasi pura.

Al vertice di una collina di roccia giallastra si può ammirare il quadro di un'ansa sulla quale si adagiano le spume bianco azzurre di una risacca inesauribile.

Il luogo ha un nome, suggestivo: "Pointe du Hoc".

In un arco di sette anni, ho visitato la Normandia in lungo e in largo: spiagge dello sbarco del 6 giugno 1944, cimiteri di guerra, memorial, musei, monumenti, località (ad esempio: Caen, Bayeux, Colleville) e il tracciato della Voie de la Liberté, che si dipana da Cherbourg a Bastogne, in Belgio. Una lunga emozionante impresa che ha inciso profondamente nell'anima, suggerendo riflessioni e una eco che ritmava meticolosamente il desiderio di un prossimo ritorno onde poter riassaporare quella indefinibile sensazione di coinvolgente. Indentificazione, concludodo gli specialisti: Partecipazione, dico io! Parole come mattoni a creare una immagine definita, Un guerriero ore antico, orgoglioso delle sue vestigia, una pelle d'orso, un'ascia bipenne, e uno scudo per proteggere l'intera figura dagli improvvisi fendenti, suoi capaci di staccare la testa dal busto. E il duellante proteso a ricercare il colpo mortale onde poter mostrare il suo valore, il suo bottino: l'armatura dell'avversario immersa nel suo sangue. Il mostrare tragico il gesto usuale,,, ritta la spada e vago un' inchino a riconoscere, post mortem, il valore dell'avversario, quasi ad aprirgli il sentiero dell'averno, non senza l'eco d'una vena soffusa d'ammirazione, a similitudine d'un arrivederci.

Poi tutto intorno si fa notte e si leva, cupa, una nenia, omaggio al guerriero caduto, ora, idealmente, tra le braccia accoglienti del vincitore. Attorno si fa un greve silenzio, muto delle preci che accompagnano il breve cammino verso l'ingresso dell'averno, ove l'eroe trafitto incontrerà il suoi simili, ombre valorose con cui rinnovellare furibonde, antiche battaglie.

Le memorie si fanno monumenti, statue fredde, come il marmo e pure hanno un'energia possente nel gesto e nel messaggio, dove il gesto rinnova il valore e lo sguardo ormai spento, si anima nella rinascita dei versi dei cantastorie, nel ripetersi lungo il peregrinare dei menestrelli che conservano nell'ingenuità della loro ammirazione per le vicende del valore, e i duelli riaffiorano e colgono, catturandola nella scenografia della memoria e dell'immedesimazione, l'anima del loro essere, scolpendola come nella roccia, e trasformandola in una memoria incancellabile.

Persino il cantastorie si sente catturato dal fascino sottile della storia che sciorina come il ritmo di un ruscello scaturito in un roccia dopo un forte temporale settembrino, quale prologo di una creatura di ghiaccio formata dal primo gelo al preludio dell'alba quando il vello della montagna lascia spazio alla nuova stagione e si piega senza orgoglio al divenire della magìa dello scultore d'autunno. Il succedersi del tempo e delle sue nuove e sempre uguali cadenze, segna il divenire dell'età che modifica l'essere, lo fa meno fragile e più riflessivo, inducendolo a pensare al domani, non più come un momento uguale, ma diverso, addirittura sconosciuto e posto di fronte a un soggetto cui deve offrire orizzonti profondi, alimentati da interrogativi ambigui e al tempo stesso affascinanti.

***

Era indispensabile acquisire conoscenze specifiche in politica estera e trarre dai numerosi viaggi all'estero una rete di punti di riferimento in modo tale da non apparire più come un neofita dell'ambiente e dei vari argomenti di rilievo sui quali si articolavano le vicende e la guerriglia raffinata dei diplomatici navigati, sovente incaricati si fungere da <truppe d'assalto> o più sottilmente, periscopi della diplomazia ufficiale.

Da parte mia mi impegnai a non essere classificato come un tritasassi di qualsivoglia potere, ma di mantenere una linea autonoma, con una crescente capacità analitica e deduttiva, requisiti tipici di un corrispondente estero idoneo a disporre di contatti di prima mano e di un notevole retroterra difficile da localizzare e configurare, se non addirittura da identificare.

Ero, di fatto, circondato da un alone di mistero e di impenetrabile ambiguo silenzio, anche se non ero mai in ritardo, nel dipanarsi degli eventi e nella matassa, alle volte ingarbugliata degli enigmi dei linguaggi cifrati, infidi, peggio delle sabbie mobili, nel volgersi del duello sotterraneo delle diplomazie e nella geografia in chiaroscuro delle trappole, ad esso connesse.

Era indispensabile costruire un falso obiettivo. L'occasione mi fu offerta da un antica conoscenza. La collaborazione occasionale ad un periodico di politica e costume che proprio per la sua collocazione, almeno in prima istanza, collimava con quelle che erano le mie inclinazioni in fatto di orientamento: "L'Italiano" diretto da <Pino Romualdi> con un passato <storico> che lo collocava, attivo e indubitabile, nelle pagine obliate di una vicenda, o, se si vuole, una "questione", defunta. Esordii nella redazione "appunti di viaggio", o qualcosa del genere, sfruttando impressioni e ricordi di un periodo nel quale vivevo da zingaro, senza coerenza e mezzi adeguati, se non utilizzando i segreti, sostanziosi mezzi della mia riserva strategica, utile, appunto, nei periodi magra, senza precludermi la sopravvivenza più che dignitosa e rispettando rigorosamente l'ampiezza del passo praticabile per non compromettere la mia autonomia e soprattutto la mia nota esuberanza polemica e, secondo altri, assolutamente strafottente, nel senso aulico dell'espressione (…participio presente del doveroso verbo…).

1. "Le pecche del sistema"[1]

"Mi auguro che il Direttore vorrà consentirmi di vedere pubblicata sull'Italiano questa nota. Pur avendo da qualche tempo curato la rubrica appunti di viaggio, alla quale tornerò con personale piacere e (spero) anche con quello dei lettori, non dimentico che l'Italiano ha ospitato alcuni miei pezzi di politica estera. A questo ultimo argomento torno a seguito di quanto pubblicato sul mensile Aviazione Marina Interconair, nel numero del Febbraio scorso.
A un lettore che chiedeva precisazioni circa la battaglia navale di Capo Matapan, il Redattore Ermanno Martino risponde tra l'altro che « Matapan fu un episodio sfortunato » e che parlare di tradimenti « è troppo facile e troppo comodo » e aggiunge testualmente: « Questo (il parlare di tradimenti, n.d.r.) è solo sfuggire per la tangente e impedire così che la critica, fuorviata dalla creazione artificiale di miti e leggende, vada a scavare troppo in fondo e porti a galla quelle che

---

[1] "L'italiano"- Anno XI- N.4- Aprile 1970

erano le pecche del sistema che gettò l'Italia in una guerra non sentita».

Ora, senza entrare nel merito dei tradimenti presunti o veri che essi siano (ci vorrebbe un volume, ma sarebbe interessante scrivere la verità sulla nostra guerra) desidero fermare l'attenzione sulla conclusione del periodo pubblicato dalla rivista citata. Prima di tutto propongo due domande: quale guerra degli ultimi settanta anni può dirsi veramente sentita? Quale sistema politico può dichiararsi privo di pecche?

La modesta opinione dello scrivente è che aveva ragione Clausewitz quando affermava che la guerra non è altro che la continuazione della politica con altri mezzi e, ritengo, che ogni ordinamento escogitato dall'uomo è condizionato in maggiore o minore misura dalla qualità degli uomini che lo hanno ideato e, nei risultati, ancorato tassativamente agli uomini che lo debbono realizzare e migliorare.

La guerra non è una questione sentimentale, la guerra nelle varie forme che può assumere, è una componente fondamentale della vita ed è da sciocchi credere che possa essere cancellata dalla storia con un colpo di spugna.

La propaganda può creare artificialmente miti e leggende, ma solo gli sprovveduti cadono nel tranello. La verità sin troppo ovvia è che la guerra si può vincere o perdere, che la fortuna o il caso vi hanno il loro peso, ma - cosa non altrettanto ovvia - i conflitti non sono mai frutto di decisioni affrettate o di frenesie da giocatori di roulette e per questo non si possono liquidare, al livello di critica o di studio, con quattro righe buttate giù per riempire le colonne di un rotocalco.

Un tale procedere può attagliarsi a una conversazione salottiera, tra pseudo tecnici, che sciorinano parole sconclusionate con il solo intendimento di essere alla moda, di allinearsi con la corrente dominante, che ha sempre paura di guardare in faccia la verità.

Le pecche del « sistema » (prego notare la sottigliezza della definizione) che avrebbe gettato l'Italia in una guerra non sentita, non sono elencate nella risposta fornita. Il Signor Martino le starà cercando ancora, chissà dove. Mentre Egli cerca e in attesa di conoscere i risultati, non sarà inopportuno precisare che per un Paese gettato in guerra, come si getta un pedalino nella pattumiera, l'Italia che combatteva veramente non ha poi deluso come si vuol far credere. Ha lottato aspramente, cavallerescamente, sino alla morte. E non è retorica. Gli stessi avversari lo riconoscono e non in un impeto di generosità dettato da esaltazioni o da droga ingerita. Lo dissero in piena guerra, mentre si leccavano le ferite micidiali inferte dai soldati italiani. Alessandria, Bir El Gobi, Gibilterra, Mechili, Tobruk sono nomi di vittorie Italiane che qualcuno può tentare di nascondere o di imbrattare, ma che non può cancellare. E tutto questo è detto semplicemente e tranquillamente, per dimostrare una cosa sola: quando si è in guerra si è in guerra e basta. Non si fanno congressi per stabilire se è opportuna oppure no.

I Soldati Italiani hanno combattuto sino in fondo. Il fatto poi che sia giunta la sconfitta è un altro discorso che sarebbe bello fare con il Signor Martino e con tanti come lui.

Una certa Italia ha perduto la guerra, i veri Soldati d'Italia e il sistema no. E il Signor Martino sa benissimo cosa si intende dire...

Il redattore di Aviazione Marina, scrive che la guerra non era sentita, ma non dice da chi e non dice di più. Non entra cioè nel merito fondamentale della questione, quello politico e strategico e se si vuole nel merito storico della decisione di dichiarare la guerra alla Gran Bretagna e alla Francia. Non dice se era un errore o se, al contrario, era una decisione valida. E oggi, a trent'anni di distanza si può azzardare una opinione? (Ho detto opinione e non giudizio; un giudizio richiederebbe più spazio e documentazione voluminosa). Ebbene, i fatti cosa dimostrano nel 1970? Il vuoto politico nel Mediterraneo è assoluto; Francia e Inghilterra, i nemici di ieri gli alleati di oggi, non hanno il coraggio e la forza per assumersi le dovute responsabilità. I Russi, cioè a dire gli autentici vincitori, dominano nelle acque di casa nostra e questo non è altro che il risultato della guerra. Ecco ciò che Francia e Inghilterra non capirono e che Churchill capì solo quando era troppo tardi, nel 1945 quando, primo nel mondo, chiamò cortina di ferro la barriera di carri che era calata sull'Europa stritolandola.

La storia è una questione di scelte e la scelta del 1940 fu dettata da motivi identici, per le due parti, ma sorretti da interpretazioni opposte. Qualcuno allora disse che mai Inghilterra e Francia avrebbero potuto o voluto difendere l'Europa e che non era giusto che pretendessero di dominare il Mediterraneo. I fatti trent'anni dopo danno ragione a questa affermazione. D'altronde la storia sia pure con costumi diversi si ripete. La Cina attuale ha i problemi della Germania del '39 e tutti paventano una guerra sulla frontiera terrestre più lunga del mondo. Questo significa che la teoria dello spazio vitale diventa valida a seconda di come la si giudica.

Sono cambiati nel mondo i protagonisti, ma i problemi sono gli stessi. Gli Americani combattono o sono presenti con le loro truppe dove una volta Italia, Germania e Giappone dominavano. Quindi gli USA, con la guerra che provocarono prima ancora di dichiararla, non hanno certo risolto i presunti problemi ed eliminato i pericoli che minacciavano la libertà delle democrazie. Francia e Gran Bretagna sono ridotte al ruolo di comparse. E i vinti? Il Giappone è la terza potenza economica del globo; la Germania, quantunque afflitta da un Cancelliere bolso, è arbitra dei destini dell'Europa occidentale. Solo l'Italia arranca e delude, perché è una Italia diversa che veste altri panni, che non ha le vedute di altri tempi. Lo dicevo all'inizio: sono gli uomini che fanno grandi le teorie, ma non tanto gli uomini che le enunciano, quanto quelli che le rendono vive e concrete.

Quando una Nazione scende in guerra lo può fare tra sventolii di bandiere e suoni di fanfare o tra lacrime e disperazione, ma deve combattere.

Ce lo insegnano i russi, gli inglesi, i giapponesi. Stalin rispolverò uno slogan zarista, nel 1941; la Santa Madre Russia era in pericolo, e i russi si batterono. Il sistema non era certo quello esistente in Italia nel '40, le pecche non mancavano, ma tutto il popolo fu compatto. Da noi, da secoli, si è abituati ad applaudire il vincitore chiunque esso sia, a ossequiarlo servilmente, a scegliere la comoda scappatoia, a pensare che conventi e sacrestie offrono un comodo rifugio.

Il "deprecato ventennio" aveva tentato di portare con le sue idee, con i suoi Uomini, con i suoi avvenimenti uno spirito diverso, una realtà che la guerra non ha del tutto travolto; ha mostrato agli italiani come agiscono gli uomini che hanno autentico coraggio e senso di responsabilità.

E un insieme di uomini se abiura questi valori supremi non è altro che un gregge amorfo e velleitario, disordinato e imbelle."

2. "Canada e separatismo"[2]

"La recrudescenza del terrorismo nel Quebec ha colto di sorpresa soltanto gli ingenui. La scarsa conoscenza delle cose canadesi è notoria; il Canada è sempre stato considerato una terra d'emigranti, una landa fredda e desolata, grigia e plumbea adatta solo ai diseredati. La grande stampa europea e italiana in particolare, non ha affrontato in modo organico uno studio della società canadese, non ha indagato sulla vita degli europei emigrati a Montreal e a Toronto, a Quebec e a Ottawa, a Winnypeg e a Vancouver e soprattutto non ha analizzato

---

[2] Da "L'italiano- N. 11- Novembre 1970

adeguatamente i contrasti esistenti tra le varie comunità etniche che costituiscono la popolazione della Federazione canadese.

Inglesi, Francesi, Tedeschi, Greci, Irlandesi, Brasiliani, Uruguayani, Cecoslovacchi, Ungheresi, Libanesi, Marocchini e Italiani eccetera sono le componenti base di un popolo che cerca tra difficoltà psicologiche e ambientali di formare una nazione. Le ricchezze naturali favoriscono il processo, la volontà che contraddistingue la dura gente che diventa emigrante è una molla di eccezionale valore per conseguire successi concreti, ma l'evoluzione della società canadese è frenata da contrasti di fondo esistenti tra inglesi e francesi, contrasti che fatalmente coinvolgono tutte le altre comunità. Questa autentica lotta di razze ha origini che risalgono al 1600, ai tempi cioè delle guerre per il predomina nelle Americhe e si è trascinata sino ad oggi, complicandosi, cristallizzandosi, incidendo duramente negli animi esacerbati e attizzando costantemente gli odi e le rivalità.

Il Fronte di liberazione del Quebec (FLQ) è la frangia estremista di un movimento che vuole la grande provincia, abitata per 1'80 per cento da francesi, separata dalla federazione. Mentre molti dei francofoni comprendono l'assurdità di una tale impostazione e tentano di trovare una intesa razionale, anche se difficile, con gli inglesi, i terroristi hanno dichiarato guerra, di fatto, alla federazione e, dal 1962, sistematicamente, compiono sanguinosi attentati, e ora rapiscono, e sopprimono gli ostaggi per internazionalizzare la loro causa.

Gli attentati a Westmount, elegante quartiere di Montreal, sede della aristocrazia anglofona, le bombe piazzate e fatte esplodere negli opifici inglesi e francesi anti-separatisti, hanno scavato un solco profondo tra i canadesi, creando una tensione che ha compromesso lo sviluppo economico e industriale del Quebec. Gli industriali effettuano gli investimenti nell'Ontario, gli statunitensi indirizzano nella Alberta nella British Colombia le loro iniziative economiche e le nuove forze

degli emigranti lasciano il Quebec per trovare una sistemazione più
tranquilla lontana dalle esasperazioni del terrorismo e da tutte le
difficoltà pratiche che un ambiente del genere impone.

Lo slogan coniato nel 1963 dai separatisti « Maitre chez nous » è la
dimostrazione di uno sciovinismo radicalizzato, che sta dilaniando una
nazione che potrebbe avere ben altro sviluppo e grandioso avvenire se
non fosse vincolata a una diatriba che si rivela ogni giorno di più
insanabile. Il fronte di liberazione del Quebec aveva una forza ope-
rativa di circa venti cellule ognuna delle quali dispone di un massimo
di cinque uomini.

Secondo alcune informazioni pare però che negli ultimi tempi il numero
delle cellule sia aumentato notevolmente e che il numero dei terroristi
sia di alcune centinaia. Sono queste cellule che hanno rapito il diploma-
tico britannico Cross e assassinato il ministro provinciale Laporte. Le
cellule agiscono in maniera indipendente, ispirandosi alle teorie di
Fidel Castro, di Che Guevara, di Mao Tse Tung, rivelando quindi le
infiltrazioni marxiste che strumentalizzano la situazione snaturando i
principi, anche validi che sono all'origine del movimento separatista.

La posizione italiana nel Quebec è complessa. Mr. Alfred Gagliardi
editore del settimanale « Il Corriere Italiano », sostiene che oltre sei
milioni di francesi non possono restare indefinitamente succubi della
comunità inglese e che per un ordinato sviluppo sociale i diritti dei
francesi debbono trovare un giusto e concreto riconoscimento. Secondo
Mr. Gagliardi solo una stretta collaborazione può permettere il
superamento della crisi. Nick Ciamarra editore del « Cittadino
Canadese » è invece dell'opinione che gli italiani dovrebbero
orientarsi decisamente verso l'ambiente inglese e in tal senso alcuni
mesi fa rilasciò dichiarazioni alla televisione di lingua inglese di
Montreal. Interessi industriali e commerciali sono alla base di questo
dualismo, e la scelta degli italiani è difficile perché implica problemi
familiari quali la scuola, il posto di lavoro, il quartiere dove abitare, le

amicizie eccetera. La teoria del « mors tua vita mea » e del « si salvi chi può » impera. Il Canada occidentale, che è bellissimo e che potrebbe essere veramente una zona ideale per vivere e lavorare, con la faccenda del separatismo esasperato diventa una zona sconsigliabile. E in questo bailamme di convinzioni, di ambizioni, di diritti negati e pretesi, di lotta per la sopravvenza il Quebec rischia di vedere compromesso per anni il suo progresso sociale, economico politico. Dopo la crisi del 1969 l'elezione di Bourassa a premier della provincia pareva garantire la pacificazione degli animi e la presa di coscienza della necessità di cooperare per il bene comune. La soppressione di Laporte riapre tutti i problemi e ne aggiunge altri. Ottawa non può permettere che il fronte di liberazione instauri una guerriglia all'interno della federazione e allo stesso tempo deve trovare il modo di conciliare la rigidezza degli ambienti anglofoni con le giuste rivendicazioni dei francofoni. E' un problema politico oltre che sociale e Trudeau pur godendo della completa fiducia della maggioranza dei canadesi non può risolverlo con la forza, perché correrebbe il rischio di vedersi la situazione sfuggire di mano.

Il « Fronte » snatura la causa dei francesi e tramuta la lotta sociale e di integrazione in un cruento scontro frontale ricacciando indietro la storia canadese di duecento anni perché ha cercato appoggio nella sovversione e usa i metodi della guerriglia marxista che contraddistingue il terrorismo dei tupamaros dei vietcong delle pantere nere.

Il cancro comunista specula con gran spregiudicatezza sui motivi ideali, che all'origine erano validi e li trasforma in strumenti di violenza scatenata e di attacco indiscriminato al mondo libero. Solo una realistica valutazione dei fatti storici ideologici morali culturali che sono alla vera base della civiltà occidentale può permettere di arrestare decisamente la penetrazione marxista e dare un senso etico alla civiltà industriale. Negare l'evidenza e restare abbarbicati a *concezioni arcaiche, provoca una reazione a catena del tipo di quella canadese che fa il gioco del comunismo e dei suoi accoliti.*

Nessuna sorpresa pertanto per la escalation terroristica e per la soppressione di Laporte oggi e di chissà chi domani. Tutto fa parte di un gioco che ha per posta il controllo dei crocevia della terra e il Quebec è l'anticamera di una colossale ricchezza naturale che si materializza in ferro, carbone, petrolio, uranio, oro, argento.

Nel Quebec è esplosa una crisi determinata da contrasti etnici e razziali e lo stato rischia di precipitare nel disordine che ha i suoi prodromi nel sospetto, nella diffidenza, nelle prevaricazioni, nei preconcetti che dividono radicalmente le comunità che compongono la popolazione. E' un fenomeno pericoloso, comune a molte nazioni. Il fatto che altrove sia allo stato di gestazione non elimina il pericolo intrinseco che minaccia l'essenza stessa di una concezione di vita che va rinnovata con coraggio e con spirito da pionieri. La salvezza dell'occidente è nella rivalutazione di quei principi che la seconda guerra mondiale ha voluto distruggere.

Quando una società commerciale a fine anno redige il bilancio, il conto fondamentale è quello dei profitti e delle perdite. Il saldo è il termometro della salute aziendale. Attualmente in Canada tale saldo è fortemente passivo per quanto attiene al risultato della gestione dei rapporti sociali.

La disarticolazione di questo campione statistico della civiltà industriale è spaventosa. In Canada, punto di incontro di decine di gruppi etnici e di strutturazioni mentali, si realizza il miscuglio e il punto di attrito tra latini anglosassoni e orientali. La maggioranza anglofona ha condizionato tutto e tutti e i risultati sono fallimentari. L'Europa e gli Stati Uniti in particolare ne sono i diretti responsabili. A questo punto o tutti collaborano per affrontare adeguatamente la crisi di fondo che scuote la nostra società e il mondo intero, o si dimostrerà vera, al di là di ogni interpretazione utilitaristica e di facile effetto, la qualifica di « ghetto dei diseredati » che qualcuno ha affibbiato con sarcasmo a questa immensa distesa di terra e di verde che hanno denominato Canada."

3. "Il sapore della conquista"[3]

"Nei vari luoghi dove il viaggiatore sosta con la curiosità dell'archeologo, sempre una costruzione sociale diversa da ogni altra si offre alle sue considerazioni, all'analisi schematica o approfondita che è alla base di ogni valutazione professionale.

Un luogo comune di antica origine definisce i ragazzi la forza di ogni nazione. Le statistiche infatti affrontano periodicamente indagini sull'età media dei cittadini e questa evidenzia, sintomaticamente la complessa e articolata problematica della funzione educatrice di ogni stato.

I cicli sociali e culturali danno risultati positivi dove i giovani utilizzano strumenti adeguati nel periodo della formazione fisica e intellettuale, dove, in sostanza, l'organizzazione statale fonda le sue premesse nella ricerca coordinata del meglio per la costruzione di un ambiente psicologico e materiale che possa aiutare lo sviluppo delle forze di ricambio della società.

In Canada si assiste ad un fenomeno che ha del miracoloso. Se ancora si può usare la espressione di frontiera della futura civiltà, ebbene penso che, con l'Australia, sia il grande Paese nordamericano a dividere la palma di questa attribuzione.

Uno slogan che l'immigrato si sente ripetere all'infinito è questo: « voi lavorate per creare la società dei vostri figli ».

---

[3] da "L'italiano"- Anno XI- N. 8-9- Agosto- Settembre 1970

E tutto in Canada è indirizzato in questo senso. Scuole, parchi, ospedali, case sono pensati e progettati, costruiti per il futuro, per i giovani canadesi, figli di inglesi, francesi, italiani, tedeschi, greci, irlandesi.

A Montreal vi sono parchi stupendi. D'estate sono un mare di verde, non brillante come quello italiano, ma cupo, intenso, quasi irreale. E miriadi di ragazzi con le mazze, i guantoni da baseball invadono queste aree infinite circondate da case ordinate, disposte razionalmente, frutto di una organizzazione sociale di primo ordine.

Ma la perla è l'Istituto Marie Clarac nei pressi di Boulevard Gonin e costeggiato dalla grande strada a doppia corsia Henry Bourossa.

La direttrice è Suor Anselma, un sergente maggiore in abito talare, una donna d'acciaio, una religiosa d'antico stampo che onora l'autentica tradizione degli educatori che hanno fatto della dedizione e della vocazione una bandiera.

Il rispetto, la socialità, la tolleranza e l'ordine sono gli elementi primari sui quali si basa l'educazione impartita da queste suore che hanno saputo creare dal nulla una scuola, un ospedale, una casa di riposo per anziani (un grattacielo di oltre venti piani sulla riva del San Lorenzo), grazie al coraggio, alla fede, alla tenacia che nasce spontanea nelle persone che approdano in terra canadese, terra che non tollera gli arrivisti, gli sfaticati, gli attendisti, ma impone la legge più giusta, più esaltante della vita: la legge del merito individuale. Il tempo qui è ancora galantuomo: migliaia di esempi lo confermano.

I giovani crescono in un ambiente fondamentalmente sano, dove imparano che le amicizie potenti non sono in grado di sistemare tutto e di aprire le porte del tesoro.

Un paese immenso con poco più di venti milioni di abitanti che offre grandi possibilità, ma pretende umiltà, forza d'animo, costanza. All'inizio può sembrare scostante e freddo, ma un'analisi più approfondita rivela che questa apparente freddezza fa parte del

sistema; un sistema che non tollera le personalità verbose e velleitarie
e che guarda solo al concreto. L'austerità della vita canadese, anche se
circondata dal benessere della civiltà delle macchine e dell'elettronica,
è insita nel carattere di questa gente che ha conquistato la propria
sicurezza senza avvilenti compromessi.

Per questo la gioventù canadese, contrariamente a quanto avviene in
altri paesi, conosce ancora l'esaltante piacere di vivere una vita pulita:
una vita che ha ancora il sapore della conquista, l'ingrediente che
rende forti gli uomini e che, quando viene meno, segna l'inizio della
decadenza."

4. "Berlino dieci anni dopo"[4]

"Anche il viaggiatore più incallito desidera un periodo di tranquillità
e momenti di riflessione. In questo caldo inizio d'estate ho avuto
l'avventura di incontrare un vecchio amico; temporaneamente a Roma
in attesa di riprendere il suo disordinato girovagare, questo strano
personaggio stava osservando branchi di turisti stranieri ammassati al
Pantheon e, al mio richiamo, si volse e senza salutarmi iniziò un
discorso quasi non fossero diversi gli anni che ci separavano dal-
l'ultimo cordiale colloquio avuto insieme.

« La potenza americana è conquistata dal fascino dell'antichità. Di
fronte a questa magnificenza allo zio Sam sorge un atroce dubbio: i
ricorsi storici sono o non sono una invenzione maligna? La dimensione
europea della vita sorprende e irrita gli americani.

Vengono qui nel vecchio continente come in un pellegrinaggio e
soffrono in silenzio perché vorrebbero portarsi oltre oceano la nostra
semplicità, la nostra eleganza, il nostro gusto ironico e la nostra innata
sensibilità ».

---

[4] Da "L'italiano"- Anno XI- N.7- Luglio 1970

Lasciamo i turisti alle loro considerazioni e passeggiando lentamente iniziamo discorsi improvvisati, accavallando i desideri di riempire con notizie frammentarie il vuoto di quasi due lustri.

Le rare lettere e le stereotipate cartoline scambiate erano solo un sintomo, un segno di solitudine. Inconsciamente ci informiamo sulle rispettive famiglie. I figli e le mogli stavano bene? Abbastanza. Che si poteva chiedere di più a una vita trascorsa nella perenne ricerca di un luogo dove potere pensare e scrivere senza dovere rincorrere il vile denaro e la sua indispensabile funzione?

—Ti ricordi il nostro ultimo incontro?

—Dieci anni fa o poco meno...

—Eravamo scapoli entrambi, poco più che ragazzi.

—Eravamo dei perfetti imbecilli...

—Più che perfetti...

—Più che imbecilli.

—Fu a Norimberga.

—Si, in quella splendida città...

Le parole non servivano più. I nostri passi furono l'unico trait - d'union del nostro casuale e atteso incontro. Entrambi rivedemmo come in un film al rallentatore quei giorni del 1960. Norimberga e i suoi palazzi gotici, le lunghe vie ordinate e grondanti di storia splendida, la corsa verso Berlino, l'odiosa procedura al confine con il fantoccio russo chiamato Repubblica Democratica Tedesca. Si stagliavano in tutta la loro drammatica tristezza le baracche dei Vopo - i brutali guardiani di un immenso campo di concentramento - le cupe torrette delle sentinelle mentre ai lati della strada pattuglie di soldati russi armati di parabellum e fornite di cani, controllavano la lunga colonna di automobili. Il saluto del paradiso puzzava di zolfo. Tre ore di attesa e di odiosa burocrazia e poi una lunga corsa sino al « ring » di Berlino.

*Berlino ancora oggi è un simbolo e come tutti i monumenti incute
rispetto, anima ricordi, sollecita meditazioni. Quando la vedemmo noi
non era stata straziata dal muro e l'angelo di Sedan poteva ancora
sperare di vedere sotto le sue ali palpitare la capitale di una grande
nazione. Dalla porta di Brandeburgo si entrava nella Berlino Est.
Mentre ad ovest la città è splendida e dimostra la forza di reazione e la
volontà di rinascita di un popolo che non si considera vinto nella sua
anima civile, a est il dominio russo si avvertiva ovunque, nei volti delle
persone, nelle immense strade deserte e sconvolte dalle infinite
processioni di case abbandonate al momento delle incursioni aeree
alleate: case sventrate e travolte dalla violenza di un odio implacabile -
da una volontà pazzesca di cancellare dalla faccia della terra l'unico
popolo che può garantire con la sua fermezza la libertà dell'Europa dal
pericolo che dall'Est ha da sempre minacciato le nostre contrade -
accoglievano l'incredulo visitatore e lo afferravano per la gola quasi a
soffocarlo. Povere cose abbandonate nelle stanze, si vedevano al di là
di voragini aperte dalle esplosioni. Una sedia rovesciata; stoviglie
consunte dal tempo; un lampadario penzolante e carico di polvere
nera; vetri frantumati dalla pressione causata dalle deflagrazioni:
porte sprangate durante la frenetica corsa ai ricoveri che non furono
più riaperte e che la ruggine, le intemperie avevano cementato a
suggello di una verità che i libri di storia non racconteranno. I miseri
negozi di Berlino Est sembravano topaie: nelle vetrine della Stalin
Allee, pesce bollito tra due fette di pane dava la misura del benessere e
donne a scavare nelle macerie sotto lo sguardo divertito di un vopo di
nemmeno diciot'anni, davano l'idea delle conquiste sociali.*

*La grande piazza intitolata a Carlo Marx è soltanto una squallida
distesa una volta sede di uno dei quartieri più eleganti della città. Le
macerie sono state asportate e qui. sotto lo sguardo impenetrabile dei
padroni e della edizione riveduta e corretta dei « Quisling » (com'è
relativa la storia!) i berlinesi orientali si riuniscono in quelle parate*

oceaniche che, per il fatto di essere inquadrate dai carri sovietici, non sono certo retoriche.

L'avvenimento che ci lasciò veramente senza coraggio di replicare ci accadde però nella zona Ovest, proprio vicino alla linea di demarcazione, dove una volta le ambasciate erano splendide. Quella che era stata l'Ambasciata d'Italia era semi distrutta e la parte ancora abitabile adibita a consolato. Di fronte si osservavano gli ammassi di rovine della Ambasciata Nipponica. I viali di un tempo si indovinavano, il silenzio era agghiacciante. Procedevamo lentamente vagando con lo sguardo da cumuli di macerie a larghi spiazzi dove una volta sorgevano ville e palazzi residenziali; rari alberi segnavano i limiti di quello che doveva essere stato un parco. Fu così che capitammo in una zona particolarmente silenziosa dove credevamo non vi fosse alcuno. Fra tante rovine, con la zona russa a meno di cinquanta metri, scorgemmo la finestra di un seminterrato che aveva un tentativo di tende. Ci avvicinammo ma non avemmo il coraggio di bussare a quei vetri che ci parvero irreali. Tornammo sui nostri passi e se non fosse stato per l'istintivo timore che guidava la nostra visita in quella fascia di terra di nessuno, non ci saremmo voltati al ritmico battere che udivamo alle nostre spalle. Era una vecchia signora alta e austera, leggermente claudicante. Si avvicinò a un cumulo di macerie e depose dei fiori. Poi, senza fermarsi proseguì e il suono del bastone era l'unica marcia funebre che si poteva udire.

I nostri passi ci avevano portato a Piazza del Popolo. Il viaggio a Berlino, dieci anni dopo, era finito. La maestosità di una delle più belle piazze del mondo ci suggerì un pensiero. A quando una passeggiata degna di tale nome a Berlino ma in una Berlino restituita alle vestigia del suo grande passato? Molte cose sono cambiate in dieci anni ma è certo che nella sostanza l'Europa non ha fatto un passo verso la soluzione dei suoi problemi. Berlino è un simbolo e quel muro che ha un aspetto più lugubre di quello della lama di una ghigliottina è la dimostrazione più lampante della paura di chi vuole ad ogni costo incatenare la stupefacente forza dello spirito che emerge da quelle macerie."

5. *"Fine settimana con i figli"*[5]

" Terre des Hommes si trova nella « Ile Sainte-Hélène », un'isola del Saint Lawrence River, come dicono gli Inglesi, del Fleuve Saint Laurent, come dicono i Francesi. Isola di Sant'Elena che non ha nulla a che vedere con l'Imperatore di Austerlitz, isola che non si trova sperduta nell'Atlantico sud-orientale. E', al contrario, collegata alla terra ferma da arditi ponti e da uno splendido metrò che passa sotto il letto del fiume.

A Terre des Hommes si è tenuta l'Expo mondiale. Ora il parco dei divertimenti, la Ronde, accoglie da maggio a settembre i montrealesi e i rari turisti per lo più americani, turisti domenicali o di fine settimana. Alla città di Montreal, la Ronde costa milioni di dollari e sicuramente non è stata un buon affare, ma motivi politici e di prestigio obbligano i canadesi a tenere in vita una struttura che andrebbe smantellata se si dovesse ragionare con il freddo metro della convenienza economica.

Nella speranza che qualche avvenimento possa rilanciare l'Expo, il Quebec ha mobilitato radio, televisione, giornali e ogni altra fonte di pubblicità per avere una affluenza di pubblico a questo parco, che costruito con criteri veramente futuristici, si è rivelato spropositato rispetto alla affluenza dei soli cittadini di Montreal. Sarebbe come acquistare un cannone per forzare una serratura di cui si è smarrita la chiave.

---

[5] Da " L'italiano"- Anno XI- N.5- Maggio 1970

*E allora gli slogans si accavallano, il bombardamento è
ossessionante. Terre des Hommes diviene un motivo di ordine
psicologico e orgogliosi come sono i canadesi lo affollano per quanto
possono, senza badare ai prezzi proibitivi (2.500 lire solo per
l'ingresso).*

*Anche un tale da poco arrivato a Montreal fu travolto dalla psicosi
della Ronde, ma non per orgoglio. Fu una questione di vita o di
morte...*

*La vita in quella parte di Canada, che si autodefinisce con molta
esagerazione una fetta di Europa trapiantata in America, è molto
ordinata e lascia poco al caso, alla immaginazione, all'imprevisto. Il
tale di cui le cronache raccontano le esperienze, arrivò quaggiù con
pochi preconcetti e molto senso pratico, ma le sorprese non gli
mancarono egualmente e di tutti i tipi e con sfumature graduate dal
comico al paradossale. Aveva trovato casa a Montreal Nord, una città
nella metropoli. I bambini, dato che ne aveva due, erano stati sistemati
dalle otto del mattino alle sedici e trenta, in una scuola veramente
fantastica. I Canadesi hanno il culto dei bambini.*

*Ma di sabato, nel rispetto della ortodossia statunitense, i canadesi
erano ben lieti di fare un dispetto a Sua Maestà Britannica, loro
graziosa regina, e incrociavano le braccia; quindi i figlioletti ognuno
se li doveva tenere a casa, se non erano collegiali. Pertanto il nostro (e
la di lui consorte afflitta e spaurita all'idea), per tutta la settimana
vivevano con l'incubo delle due giornate che avrebbero dovuto
passare con i pargoletti.*

*Infatti i pargoli erano qualcosa di particolare: un incrocio tra un
tornado, un ciclone caraibico e un maremoto giapponese.*

*Il maschietto faceva la guerra dalla mattina alla sera, la frugoletta
era specializzata nel tramutare ogni oggetto le capitasse a tiro, in
minuti pezzetti e la casa, nelle ore di assalto, si trasformava in un
fortilizio dove urla più o meno umane rimbombavano unitamente ai*

"Basta!" dei genitori che si guardavano negli occhi rimproverandosi vicendevolmente per il guaio a suo tempo combinato in forza di istinti mal repressi...

La pace scendeva verso sera quando sfiancati dalla dura lotta i genitori crollavano e i piccoli padroni del campo si abbandonavano al saccheggio...

Ma al sabato mattina l'azione riprendeva nel rispetto dei canoni codificati dalle esperienze dei commandos.

La televisione canadese è molto diversa da quella italiana. Quattro programmi nella sola Montreal, due inglesi e due francesi, in più esiste la possibilità di collegamenti alla rete americana. Niente canone per i programmi locali una tassa irrisoria per quelli stellati. Programmi dalle sette e trenta all'una di notte, e in certi casi programmi ininterrotti. In forza di ciò i ragazzini alle sette e trenta erano svegli, pronti e compatti come la santa alleanza davanti al televisore a vedersi i cartoni animati, sgranocchiando biscotti e scambiandosi complimenti estratti dal vocabolario degli scaricatori del porto. I genitori erano K.O. La madre con voce d'oltretomba sussurrava « prego bambini... ho sonno... ». Il padre quasi piangeva e con gli occhi cadenti si alzava e a mani giunte supplicava « bambini è sabato... ».

Quelli lo guardavano come per dire che loro tante distinzioni sul calendario non le facevano proprio e con una grande espressione di pietà mista a delusione condita con un sorriso di sufficienza, gli voltavano le vellutate terga nude, con evidente senso di dispregio e di indignazione. Alle minacce del furibondo e sfinito genitore rispondevano con sguardi di caprioli inseguiti da mute di lupi famelici e tutta la loro indifesa fanciullezza innocua e delicata faceva sentire un bruto quel padre che, avvolto da tanta armonia di purezza, si ritirava con un senso di colpevolezza difficilmente spiegabile.

I Piccoli restavano padroni del terreno e squittivano in segno di vittoria e ristabilivano un equilibrio rotto abusivamente, mentre il genitore anche lui con qualcosa che usualmente si definisce rotti, si mimetizzava tra le coltri, concentrando il pensiero in un deserto, dove il silenzio era l'unica voce.

L'alternativa era la Ronde, e allora via con il metrò. Il rito iniziava. I genitori a tenere la muta scatenata e i piccoli leoni a dare strattoni che avrebbero fatto crollare le mura di Sebastopoli.

Ai deboli rimproveri dei genitori i piccoli vampiri scoppiavano a piangere all'unisono, strappando il cuore alle vecchie canadesi che guardavano con aria di muto rimprovero i due genitori crudeli mormorando la loro disapprovazione con linguaggio efficace. I genitori si sentivano coperti di vergogna, sorridevano come ebeti e, rassegnati, obbedivano.

E quei figli di... genitori, ottenuto quello che volevano (meno le canoe perché erano vietate ai minori di anni 10) continuavano la musica. Motoscafo, ruota gigante, teleferica, trenino, cavalli...

Dopo la difficile e complessa trattativa che precedeva la decisione di tornare a casa vi era l'armistizio. Stanchi sfiniti i guerriglieri si lasciavano vincere dal sonno.

A questo punto i genitori o quello che restava di loro, facevano il bilancio delle perdite.

Iniziava la moglie: calze rotte, piedi gonfi, al giovanotto due bottoni in meno nel maglione, maglietta di cotone messa alle ore 14 già leggermente lercia... Signorina: scarpe quasi nuove già graffiate, vestito con orlo scucito e via così. Però lo choc autentico era la questione dollari.

« Quanto hai in tasca? » I denari in quella casa li teneva la moglie. La donna si alzava con grande, visibile sforzo. Apriva il portafogli e contava, apriva il borsellino e contava gli spiccioli..., poi chiudendo gli occhi mormorava: 38 dollari e 75 cents...

Il padre sorrideva. « Ma che ridi, reagiva la moglie aggrappandosi alle sue residue forze - abbiamo speso 38 dollari e 75 cents!!! ».

*Il tale con il sorriso spento e con una espressione da pugile che ha
incontrato Benvenuti in un incontro valido per il titolo mondiale,
pensava con intensità alla gioia, alla felicità, alla smisurata serenità,
al riposo penetrante che con la consorte avrebbe trovato l'indomani in
redazione, tra telefoni urlanti, macchine da scrivere scroscianti,
telescriventi mitraglianti. Avrebbero avuto modo di rinfrancarsi in
attesa del prossimo fine settimana alla Ronde, che per chi arriva a
Montreal e non conosce la città, si trova in un'isola del San Lorenzo,
Saint Lawrence River come dicono gli inglesi, Fleuve Saint Laurent
come dicono i francesi.*

Un luogo di distensione, di pace, di avvolgente tranquillità..."

6. "Sud America: anno zero"[6]

*" Il Sud America è un mostro addormentato. Razze di ogni angolo del
mondo si sono mescolate; uomini alla ricerca di un tipo diverso di
ambientazione per le proprie delusioni e ambizioni, vi sono sbarcati-
hanno trapiantato in quella terra fiorente un poco di originarie
tradizioni, di orgogliosa disperazione. Pare quasi che la natura nel suo
imperscrutabile disegno abbia creato il Sud America per dare al mondo
una valvola di sicurezza, un ultimo continente da scoprire negli anni
duemila.*

*Le ricchezze naturali di questa terra meravigliosa e impressionante,
sono annidate in zone inesplorate o lontanissime dalla civiltà moderna.
Per questo si sono conservate intatte e rappresentano un capitile
inestimabile per gli uomini delle generazioni future.*

---

[6] Da "L'italiano", Anno XII- N.1- Gennaio 1971

I paesi sudamericani sono sempre stati considerati in Europa come qualcosa di folkloristico, di carnevalesco. Classificare un governo al livello di un paese dell'America Latina, significava tacciarlo di pressapochismo, di instabilità. Ma nessuno ha mai voluto scavare profondamente per motivare questa etichetta gratuitamente attribuita a un intero continente che ha il solo torto di essere abitato da gente che, con secoli di silenziosa sofferenza, ha forgiato in un crogiuolo di razze caleidescopiche un tipo di uomo paziente, rassegnato, innamorato della sua terra, caparbio.

In politica il sudamericano è fondamentalmente nazionalista; la fede religiosa è la sua seconda natura. Ora sta affrontando la dura prova dell'attacco marxista. Il Cremlino sa che il controllo del Sud America è una pedina di primaria importanza sullo scacchiere delle sue operazioni strategiche. La minaccia sovietica e cinese è ancora in una fase di studio alle prime schermiglie, ai colpi d'assaggio, ma presto assumerà le forme virulenti proprie di un'epidemia.

Le lunghe passeggiate nella metropoli di San Paolo permettono al viaggiatore di scoprire subito le caratteristiche proprie di tutto il Brasile. Qui, al tropico del Capricorno, la vita è densa di contrasti violenti: le industrie, i grattacieli, le ville sontuose, la vegetazione lussureggiante i negozi eleganti si contrappongono alle baracche ai quartieri sporchi e malfamati, agli uomini che dormono per le strade avvolti nei giornali. Alle meraviglie dello straniero i brasiliani contrappongono una risposta semplicissima: « In questo Paese ognuno si sceglie il tipo di vita che gli aggrada; inutile fare delle speculazioni politiche. Qui chi non ha voglia di lavorare, chi non ha una spinta morale per lottare, non può accusare nessuno. In questo paese ci sono da fare milioni di cose nel commercio, nell'artigianato, nell'industria. Non si deve accusare la civiltà sudamericana di essere arcaica. In Brasile chi vuole lavorare si può creare un avvenire, una sicurezza, una dignità. Questa è una terra generosa, ma non un « eden » dove basta allungare una mano per cogliere i frutti. La terra va coltivata amorosamente con tenacia. E' una legge uguale per tutti, in tutto il mondo ».

E vivendo in Sud America si scopre che la risposta di quei cordiali brasiliani è una grossa verità. Quaggiù tutto è ancora da fare. Tranne una fascia costiera, che si affaccia sull'Atlantico, il resto è da esplorare, da conoscere, da studiare. Strade, città, industrie per la lavorazione delle materie prime, sono le opere che in tutto il Brasile, in Argentina, nell'Uruguay attendono il lavoro dell'uomo degli anni ottanta, novanta, del duemila.

I sudamericani sono generosi e ospitali. Il lavoro degli italiani e dei figli degli italiani è rispettato e apprezzato. Senza conoscere una parola di portoghese e di spagnolo, si dialoga con tutti. E' una terra diversa dalla nostra, dove il villaggio dalle case bianche e dalle strade in terra rossa, richiama il Messico, le chiese semplici e mistiche sono le testimoni della religiosità di un popolo che vive un'intera vita spirituale, e non è ancora, per sua fortuna, corroso dalla paurosa crisi che sta distruggendo l'anima della civiltà europea. E' una terra dove lo spirito di iniziativa rappresenta ancora un capitale inestimabile e determinante dove lo spazio fisico e intellettuale è ancora tutto da sfruttare. E' senza dubbio una terra, una delle poche rimaste nel mondo, dove gli uomini forti moralmente, possono ancora esprimere e realizzare se stessi. Non sono terre sottosviluppate come la propaganda comunista va cianciando con voce di gallina spennacchiata. Sono terre dove la natura ha un corso diverso, più pacato, meditato; un divenire che non uccide lo spirito dell'uomo ma che rispetta la sua ricchezza interiore e la pone al cospetto dell'immensità della natura e della sua architettura perfetta. In Sud America vi è ancora tempo per pensare, per riflettere, per creare.

*Il tempo scorre con un ritmo diverso, quasi a difendere gelosamente
un'armonia che ignora la frenesia che dilania il mondo parossistico
della civiltà industriale. E' una terra che non rifiuta il futuro, ma che
vuole vivere le sue esperienze come la sua natura impone, senza
bruciare le tappe, senza violentare l'intima semplicità della vita, senza
rinnegare il passato. E' una lezione di equilibrio morale impartita
soprattutto all'Europa di oggi dove si pretende di tutto mutare, di
ripudiare un passato glorioso, per creare il nulla, il vuoto, la
disperazione della solitudine."*

7. *"Il diagramma della conquista silenziosa-*
"La lezione del Cile" [7]

*"Nel quadro del divenire politico dell'America meridionale assume un
particolare aspetto l'attuale situazione cilena.
Nell'agosto del 1969 alcuni uomini d'affari brasiliani ebbero a
dichiararci che a Santiago si respirava un'aria strana, quasi che si
fosse nell'imminenza di cambiamenti radicali nella politica economica
di quel paese. Era diffusa una sfiducia eloquente e le pressioni degli
ambienti marxisti condizionavano ampiamente la evoluzione sociale del
paese.
  L'analisi di quei brasiliani, peraltro profondi conoscitori della lealtà
del continente sudamericano ci lasciò perplessi, quasi increduli,
convinti come eravamo che dopo l'esperienza di Cuba i politici
avessero compreso che le lusinghe del socialismo, anticamera del
comunismo, erano letali per ogni forma concreta di progresso e di
industrializzazione e nel contempo per ogni azione culturale atta a
elevare armonicamente il livello medio delle popolazioni. Ci*

---

[7] da "L'italiano- Anno XII- N. 3- Marzo 1971"

sbagliavamo e ora ripensando a quei colloqui di San Paolo, nei lussureggianti giardini delle caratteristiche abitazioni brasiliane, ci convinciamo che le parole dei nostri amici erano molto più giuste di quanto certe nostre radicate convinzioni potessero ammettere.

Il Sud America è un serbatoio di ricchezze inestimabili e nel contempo è un polo di attrazione per l'imperialismo sovietico. La politica espansionistica di Mosca, il grande potenziamento della flotta d'alto mare e nucleare dell'ammiragliato sovietico impone la predisposizione di attrezzatissime basi di rifornimento e logistiche, che permettano alle navi di superficie e ai sottomarini armati di missili di avere sicuri e accoglienti approdi. Cienfuegos, a Cuba, è un grosso precedente ed è su questa linea che Mosca si sta muovendo. E il Cile e quanto vi sta accadendo, più di quanto è già accaduto, sta a dimostrare che l'Unione Sovietica ha imparato bene la lezione della storia, molto di più di quanto lo abbiano fatto l'America e l'Europa.

Un tempo la Germania per sfuggire allo spietato controllo che l'Inghilterra degli anni 30 imponeva ai suoi commerci in piena e travolgente espansione, per controbattere le angherie e i soprusi che i sudditi di Sua Maestà Britannica andavano tessendo con consumata e secolare perizia, potenziò i suoi rapporti diplomatici con i paesi sudamericani tradizionalmente amici della Germania. Questa rete di rapporti fu il capolavoro della politica estera del Terzo Reich. A Mosca hanno studiato attentamente questo piano, e aggiornandolo alla strategia dell'era nucleare lo stanno attuando per giungere al controllo completo dei mari. In questi fatti si evidenzia una realtà che l'occidente non ha voluto ammettere e che ora si ritorce contro i negatori con la micidiale brutalità di un nodo scorsoio: dove si crea un vuoto di potere qualcuno provvederà a colmarlo. Tramontata la potenza marittima britannica, incapace l'America di sostituirsi validamente in questo compito, l'Unione Sovietica ha assunto il ruolo di pretendente e sta lentamente ma costantemente imponendo la sua legge e la sua presenza con le squadre che incrociano nei sette mari.

Il Cile è una preda magnifica e la storia della penetrazione sovietica ha un antefatto noto per certi versi ma per certi altri sconosciuto al grande pubblico, perchè in Italia, le informazioni sul continente sud americano, sono spesso travisate da filtraggi che snaturano l' essenza dei fatti. La responsabilità dell'attuale situazione che vede il marxista Allende trasformare lentamente, ma radicalmente il tessuto connettivo della società cilena per renderlo gradualmente schiavo della pianificazione stile moscovita, risale alla Democrazia Cristiana cilena che ha attuato l'apertura a sinistra, abbracciando il socialismo e dichiarando che solo per questa strada era possibile realizzare il progresso sociale ed economico della nazione. I fatti cileni stanno a dimostrare quanti pericoli contenga un accordo con le sinistre, e, a rendere più indicativa per gli italiani l'esperienza cilena, c'è da ricordare che tale operazione fu tenuta a battesimo dalla DC italiana che letteralmente plagiò l'allora presidente Frei. Il centrosinistra cileno fu l'anticamera del governo marxista di Allende e questo dovrebbe insegnare qualcosa anche agli italiani, prima che sia troppo tardi.

***

Allende sta operando una sottile politica di sgretolamento delle forze che si oppongono al comunismo; aumentando i salari e bloccando i prezzi soffoca le aziende che sono costrette a ricorrere all'indebitamento presso gli istituti di credito per potere sostenere la gestione; aumentando il soldo alle forze armate crea le premesse per eliminare, senza combattere alcuna battaglia politica, il più temibile degli avversari; promettendo gli espropri delle terre crea le premesse per distruggere l'agricoltura privata. Questo sottile gioco è favorito dall'immobilismo delle forze dell'opposizione e dalla mancanza di una attiva politica protettiva degli Stati Uniti che, solo ora, si rendono conto dell'autentica minaccia che rappresenta l'infiltrazione comunista sulla soglia di casa.

Il Cile con i suoi porti e le sue ricchezze da sfruttare, i paesi confinanti e tutto il Sud America sono l'obiettivo ultimo della strategia sovietica, proprio sulla falsariga di quanto progettato dalla Germania trentacinque anni fa. Qualcuno con molta approsimazione - per la verità ammessa con lealtà - ha ipotizzato che in Sud America si potranno creare due blocchi distinti: da una parte Cile, Bolivia e Perù, cioè a dire il blocco marxista e dall'altra Argentina e Brasile, cioè a dire il blocco alleato agli Stati Uniti (che sarebbero intenzionati a rivedere la loro politica di aiuti nella visione di un potenzarsi della minaccia del primo blocco). In parole povere: se la minaccia sovietica assumerà toni di sfida, si reagirà. Si reagirà cioè quando ci si renderà conto di avere una pistola puntata alla nuca; è una politica suicida, che facilita l'espansione a macchia d'olio dei sovietici e favorisce le minoranze sovversive che sanno di non dovere aggredire stati forti e rientranti nell'area dei paesi chiave ma unicamente molli ostacoli che potrebbero forse essere rinforzati soltanto quando minacciassero di crollare. E intanto Allende prosegue nella sua azione al servizio di Mosca e lo fa con la protezione, niente affatto simbolica, dei missili sovietici che stazionano al largo di Valparaiso.

I termini della politica internazionale si sono nettamente trasformati. Certi ambienti, « notoriamente bene informati », credono ancora che la storia si faccia nelle cancellerie e attorno alle tavole delle conferenze, mentre al contrario, per l'Unione Sovietica, vige la legge che fu coniata da Bell, il presunto inventore del telefono, al tempo dei processi con Meucci. Parafrasando tale legge si può dire che le conferenze della pace debbono cominciare il più tardi possibile e durare il più a lungo possibile, dato che nel frattempo le conquiste vengono consolidate e nessuno poi è disposto a fare la guerra per riprendere ciò che ha stoltamente perduto!

La triste realtà del Cile è un monito per coloro che credono che il comunismo possa contenere le componenti di una autentica e concreta validità, atta a creare una società migliore, o comunque equa. I fatti e sono ormai patrimonio, triste patrimonio, della storia di ieri e di oggi, stanno a dimostrare che il comunismo non è che uno strumento dell'imperialismo sovietico che intende giungere alla conquista del mondo parlando di pace nelle sedi diplomatiche e dalle colonne dei giornali asserviti ai suoi scopi, ma facendo fare la guerriglia o la guerra ai sovversivi nei luoghi che ha prescelto quali obiettivi. Ma non dimentichiamo la terza strada seguita dai sovietici che è quella percorsa in Cile e attualmente in Italia. Allearsi con gli sciocchi progressisti e entrare dalla porta di servizio nella stanza dei bottoni per poi scaraventare fuori a calci gli ormai incomodi strumenti della conquista.

Certi ambienti non hanno ancora compreso che la storia si fa' con i fatti e non con le professioni di fede e con la stupida mania di credere che le intenzioni siano delle prove. Ma pare che il passato remoto e recente non abbia insegnato niente ai soloni della politica occidentale.

Il Cile non è che una tappa; presto, prima di quanto non si creda, seguiranno altri mutamenti e non si potrà più fermare la marea se non rispondendo con gli stessi mezzi che sono l'unico linguaggio che i sovietici rispettano, e cioè il linguaggio della forza. Solo potenziando le nazioni libere del Sud America si potrà invertire la rotta e dare alle popolazioni di quelle terre meravigliose la certezza che l'occidente ha una validità assoluta e che al confronto l'est è veramente quello che noi sappiamo e cioè una landa di uomini soggiogati alla brutale logica del comunismo che uccide la mente lasciando vivere il corpo perché si renda conto di essere uno strumento.

Il successo di Allende è stato favorito non tanto dalla validità delle idee di cui è portatore, bensì dalla insipienza dei suoi avversari e dalla idiozia e dalla nullità dei suoi alleati, servi sciocchi di una malintesa socialità.

Il Sud America attende, da tutte le nazioni occidentali, non le solite vaghe espressioni di solidarietà e i riconoscimenti formali tanto di moda in questi anni, ma un autentico sforzo di collaborazione a tutti i livelli; non l'aiuto ai paesi sottosviluppati, che tanto comodo fà ai padroni del Cremlino, ma un autentico spirito di cooperazione che, rispettando tradizioni e costumi, consenta il conseguimento di concreti risultati nel rispetto delle culture esistenti e innanzi tutto badando a non coercire le intelligenze e le istituzioni che sono, senza dubbio alcuno, il grande patrimonio delle popolazioni sudamericane.

Se sul Cile dovesse calare definitivamente il marchio del comunismo, l'occidente avrebbe perduto un'altra battaglia, unicamente per non avere voluto credere nelle proprie forze. Per chi sa vedere al di là delle situazioni contingenti i fatti del Cile sono la conferma che tutto segue il diagramma della conquista silenziosa. Sta a noi cancellare i punti che la retta della conquista sovietica sta raggiungendo con precisione cronometrica. Anche perché uno di quei punti è il nostro."

8. *"E' un paese ancora oggi.."*.[8]

" E' un paese ancora oggi, anche se lo sviluppo disordinato di quella che viene definita la civiltà dei consumi lo ha trasformato in un agglomeralo caotico di case, ma è certo che allora, negli anni che vanno dal '49 al '52 era poca cosa, duemilacinquecento, forse tremila abitanti.
allora non vi erano costruzioni, ma solo pascoli e qualche coltivazione primordiale. Tutto attorno montagne e giù in fondo, avvolto costantemente dalle brume dell'evaporazione, il lago d'Iseo nascosto da una doppia fila di colline che formano la dorsale del valico per accedere alla Val Camonica. Monte Guglielmo Corno dei Trenta Passi,

---

[8] da " L'italiano"- Anno XII- N.7- Luglio 1971

*Monte Esmate, Collina di San Giovanni con i ruderi dell'antico
convento dei capuccini e su a nord i profili viola del Pizzo Formico:
questa la cornice angusta e selvaggia del paese.*

*Da un estremo all'altro della valle poco più di quindici chilometri e
una larghezza massima di un chilometro. In un ambiente silenzioso in
una conca che pare racchiudere il passato come in una tomba non
resta che la fantasia per superare la barriera naturale che soffoca ogni
intenzione di evasione e nell'animo di chi è in possesso di forza di carattere si cementa il solo desiderio che abbia un senso pratico: lasciare
quei luoghi e andare lontano per vedere il mondo, per conoscere il vero
volto dell'umanità.*

*In quella valle si viveva allora una vita senza originalità, nella
squallida religiosità di un ambiente ipocrita fatto di uomini inaciditi
dalle rinuncie, di donne divorate dal desiderio di illecito e incatenate al
segreto del tradimento e della menzogna. Il pettegolezzo era il
passatempo di moda, la delazione un modo per movimentare le
giornate piatte e senza slanci, la messa domenicale una tribuna per
sfoggiare gli abiti nuovi e per intavolare trattative d'affari di ogni
genere e, nei brevi attimi concessi dalla disattenzione altrui, per
lanciare mute proposte di convegni segreti, dalle parti del cimitero o
negli anfratti del roccolo di caccia da lungo tempo abbandonato e
abitato da scoiattoli, lepri, volpi, topi, serpi, covi e da qualche vecchia
baldracca in cerca di argomenti per alimentare il mercato delle
chiacchere sui banchi della chiesa, mentre il vecchio parroco,
mandrillo d'alta qualità, biascicava le giagulatorie e il chierichetto
pensava solo a quanto erano buone le mele cotogne raccolte nel solaio
della parrocchia.*

*A quel tempo in paese non esistevano locali cinematografici; gli
spettacoli erano monopolio del curato che all'oratorio forgiava le
future leve degli uomini cattolici, tempra di falsi miti di onestà e di
serietà. La limitatezza dello spazio intellettuale era atroce e le poche
persone istruite per vecchia consuetudine e non per ambizione o per
intrinseca predestinazione erano il farmacista, il medico condotto, il
maestro e qualche volta il segretario comunale. Il trust era dominato
dal parroco al quale faceva eco con servilismo e untuosità il curato,
essere dallo sguardo sfuggente afflitto da un permanente sudore al*

collo, che gli appannava le lenti e lo rendeva viscido e ripugnante. Questi intellettuali votati a impersonare l'elite del paese, si davano convegno tutte le domeniche pomeriggio nella villa di zia Maria, vecchia gentildonna dell'ottocento che amava, negli anni del suo declino, attorniarsi di ruderi, di fantasmi, di gioielli falsi dato che quelli autentici servivano a mantenerla dopo che il marito donnaiolo impenitente, l'aveva lasciata in miseria, e con il rimpianto dei salotti torinesi e milanesi del primo novecento. La grande villa era un sacrario, era il cimitero degli elefanti della famiglia: dal nonno garibaldino, maggiore dei bersaglieri di Manara, ai parenti che seguirono le vicende della storia del Piemonte, delle prime vicende africane, dei primi opifici, della filanda del paese chiusa dopo la prima guerra nel tempo della crisi, quando sembrava che tutto precipitasse nel vortice bolscevico. Pareva una galleria di statue di cera: zia Maria che dava il là alla conversazione, il medico che fumava come un turco, il parroco che masticava tabacco, il curato che guardava con aria di concupiscenza la giovane serva prosperosa e falsamente pudica e gli altri che sorridevano idiotamente buttando là, come per caso, velenose insinuazioni sulla moglie del macellaio o sulla impiegata postale, ree soltanto di avere detto di no alle proposte di qualche gentiluomo di paese.

Fuori i grandi tigli mormoravano tra loro e verso il tramonto si udiva il frusciare dei rami e il cinguettare di miriadi di passeri e di rondini mentre su tutto incombeva un silenzio mortale, rotto da flaccidi rintocchi di campane al segno dell'Ave Maria.

Tutto è rimasto così nella mia mente e tanti anni dopo, al ritorno da un viaggio che mi aveva mostrato il volto della terra e la misura degli uomini, mi trovai quasi senza rancore nel Campo santo e vidi le tombe del mio passato.

Era ormai sera e da dietro monte Guglielmo si era affacciata la luna. Vagava nel piccolo cimitero cercando i volti di quel tempo fatto di desiderio d'evasione.
Mi sentivo estraneo, ormai facevo parte di un'altra dimensione.
Davanti alla tomba di zia Maria non provai dolore; solo indifferenza.
Era un'epoca chiusa, qualcosa di stonato, di superato, di anacronistico.

Il becchino al quale da ragazzo avevo fatto scherzi atroci, non mi riconobbe. Mormorò un grazie forzato quando lo salutai e gratificai la sua pazienza.

Mi allontanai velocemente e giù, oltre la grande curva che segnava l'inizio del mondo, non mi voltai a guardare il paese aggrappato alle pendici dei monti, come un ragno; accelerai e la mia macchina fuggì da quel passato fatto di immagini evanescenti in una realtà sempre uguale, insignificante, intessuta di memorie e di inganni di parole vuote e di ricordi deformati dal terrore, dalla mancanza di amore.

Ogni tanto capita che la memoria ritorni al tempo dell'adolescenza; è come entrare in un mondo irreale dove si ha la sensazione di precipitare nel nulla. Ormai non vi sono che tombe allineate addobbate con fiori rinsecchiti e tutto attorno i profili delle montagne. Quelli che non rappresentano più la barriera insormontabile per la mia fantasia."

9. "Trans Europe Express" [9]

"Il Trans Europe Expres era lanciato al massimo della velocità consentita in quel tratto di strada ferrata che da Lussemburgo porta a Namur. Era novembre, e una atmosfera caliginosa rendeva insopportabile il paesaggio. Una sterminata pianura interrotta qua e là da boscaglie e da canali, una terra grigia, fradicia di pioggia, un cielo plumbeo, un senso di angoscia. Le immagini che si succedevano sullo schermo umido del finestrino del rapido parevano quadri di impressionisti e davano il senso della disperazione, della solitudine.

All'interno lo spettacolo era splendido: eleganza, signorilità, luci e colori; belle donne, uomini d'affari, diplomatici.

Nell'insieme quello spettacolo pareva opera di uno scenografo. La ricercatezza dei particolari, la sfumatura, i contrasti erano avvincenti. L'uomo d'affari tedesco masticava un lungo sigaro e conversava

---

[9] da " L'italiano"- Anno XII- N.12- Dicembre 1971

amabilmente con una donna d'età, ma elegante e di sicura classe.
L'uomo alternava i suoni gutturali a volute di fumo azzurrino che
davano al suo volto rossastro i contorni indefiniti di una immagine
evanescente; la donna che aveva accavallato le gambe con gesto calmo
di civetteria e di ostentazione, fingeva di essere affascinata dal suo
interlocutore, ma con consumata perizia lanciava sguardi indiscreti,
significativi, infarciti del residuo fascino e densi di sottintesi a un
giovanotto bruno, di tipo meridionale, distratto e al tempo stesso
divertito, da quel che gli capitava intorno.

A metà della carrozza due diplomatici conversavano in francese, con
dignità e cordialità affermando una tesi e pensando all'opposto,
sorridendo per abitudine, mentre gli occhi restavano freddi e i gesti
controllati.

In fondo, quasi alla fine della carrozza, una splendida donna leggeva
un giallo. Era francese. Dolce, bionda, con la carnagione d'alabastro,
gli occhi d'un nocciola intenso e le labbra rosse come corallo.

Indossava un abito azzurro, con guarnizioni bianche, e non prestava
attenzione a uno svizzero di mezza età che sventolando un brillante
cercava di imbastire una conversazione.

Indubbiamente la giovane donna era di per se uno spettacolo:
sembrava un fiore, dava calore e riusciva ad illuminare anche la
tristezza del paesaggio.

Il giavanotto, oggetto delle attenzioni possessive della matura
signora presa di mira dall'uomo del sigaro, avvistò la bella francese e
si avvicinò distrattamente.

Si sedette in una poltrona libera a non più di due metri dalla donna,
che avvertì lo sguardo e lo ricambiò per un attimo rivelando un poco
d'imbarazzo, ma confessando un immediato interesse; accavallò le
gambe lentamente senza curarsi molto di nascondere quello che si
vedeva. Non erano ancora i tempi delle minigonne e le belle
donne sapevano come usare la seduzione.

Gli sguardi si intrecciano, qualche timido sorriso rende più eloquente quel muto colloquio; una sigaretta offerta dal giovane consente lo scambio di qualche parola nel dolce idioma di Francia.

Il giovanotto aveva il cuore in gola. La donna era splendida, gli occhi erano profondi, dolci, carezzevole lo sguardo e invitante la bocca: le labbra schiuse parevano sussurrare parole d'amore.

Intanto il TEE volava: al giovane pareva quasi che il ritmo monotono della corsa sui binari fosse una sinfonia; il battito delle ruote sulle rotaie e sugli scambi il battito del suo cuore, disordinato e fremente; il rapido sfrecciare degli alberi il tempo che pareva volare per giungere all'attimo nel quale avrebbe potuto abbracciare la donna e posare le sue labbra su quella bocca di sogno. Il tutto assumeva il tono dell'irreale. Il giovane non udiva più le risate gutturali del tedesco e gli squittii della vecchia, non vedeva i gesti di fastidio dello svizzero con il brillante. Per lui esisteva solo quella ragazza, la sua delicatezza, il suo sorriso invitante.

Si decise, si avvicinò, le chiese se poteva sedere accanto a lei.

Poi tutto si susseguì come in certi film: le mani si sfiorarono, gli occhi si fissarono, le labbra si unirono in un bacio breve, puro come neve, intenso come l'azzurro del cielo della riviera, morbido come i colori del tramonto in maremma.

Il rapido sfiorava i binari e si avventava verso la notte.

Il tempo si era fermato: tutto era silenzio. Come se i desideri più intimi, quelli che fanno male dentro e danno le vertigini, si fossero realizzati. Una profonda quiete aveva preso il posto delle delusioni, delle speranze. I lunghi anni di solitudine, le lunghe passeggiate tra i monti, i silenzi opprimenti, le domande senza risposta, l'attesa dell'amore, l'ansia di libertà, di ricerca, tutto era svanito in un attimo, in un irripetibile momento di poesia.

Si sentì scuotere.

- Monsieur! Monsieur! Si volse, trasognato.

Davanti a lui un conduttore sorrideva. Lo guardò in modo interrogativo
- Namur...
- Namur?
- Oui Monsieur...
- Mais...
- Macché -ma...si disse, sono arrivato.
Namur, cittadina che trasuda nebbia anche dalle strade, dal pavé, dalle birrerie, dai boccali.
E la francesina?
Si alzò di scatto: la carrozza era deserta e anche lui era solo, mentre il TEE riprendeva la corsa verso il nord."

10. "Quel tale..."[10]

"Senza dubbio non aveva una gran passione per lo studio e lo ammetteva francamente, com'era nel suo carattere fatto di impulsi, di traboccante spontaneità. Elementi del tutto inidonei a renderlo simpatico alla gente.
In quel periodo e in quello immediatamente precedente aveva pensato solo a giocare al calcio e secondo chi se ne intendeva o affermava di intendersene aveva le qualità per riuscire. Erano gli anni in cui Janich si faceva le ossa, in cui Perani era un peperino tutto nervi e voglia di sfondare, in cui i Cornetti, i Nordari, i Marchesi, i Rozzoni, si affacciavano al proscenio di quel terreno minato che è il mondo del calcio. Tra tanti altri, che avrebbero poi fatto strada, alcuni sino alla maglia azzurra, vi era anche lui, ma il suo caratteraccio, incapace di piegarsi alla diplomazia per non dire altro, lo portò a indirizzare altrove i suoi programmi. In certe serate d'autunno, seduto davanti al grande camino della villa paterna, mi confidava di avere molta

---

[10] da " L'italiano"- Anno XIII- Luglio 1972

---

nostalgia, di avere nel cuore le scarpe con i bulloni e il verde del Brumana, lo stadio dell'Atalanta, dove si divertiva un mondo quando nella squadra di Lega Giovanile affrontava negli allenamenti gli Annovazzi, i Rota, i Cade, i Rasmussen, oppure, nell'incontro prima delle partite di serie A, riceveva la sua dose di applausi da un pubblico generoso, alla ricerca di nuovi talenti.

C'era del rimpianto nelle sue parole, ma le sussurrava appena tanto che dovevo fare una gran fatica per udirlo. E' sempre stato, quel tale, un enigma per me e se lo ricordo con affetto e se ne parlo è perché certi sentimenti è bene che non siano dimenticati, perché fanno parte di un mondo che sta scomparendo. Allora nulla era studiato a tavolino come ora; lui aveva il dono di natura di saper giocare di saper comandare sul campo tra i ragazzini di quindici sedici anni. Poi tanti fatti della vita, quella che cambia profondamente la pelle delle persone, lo travolsero e lui rimase quello che era: un sentimentale, uno che non si rendeva conto del perché si dovessero fare certe cose che non erano corrette. E ha sempre pagato di persona. L'ho rivisto ultimamente, non è cambiato. Forse ha aggiunto un pizzico di ironia alla sua spensieratezza, a certe sue intime meditazioni, ma ha sempre una gran fiducia nella vita e, credo che si illuda ancora che la sua grande o piccola occasione debba arrivare. Non gli ho detto che vive in una illusione che gli farà male. Forse ho torto nel non trovare il coraggio per scuoterlo, ma so che senza la forza che gli deriva dalla certezza di trovare la sua strada sarebbe finito, forse lo è già; forse vive ai margini di un mondo che non accetta la semplicità delle sue affermazioni, che in fondo sono poi constatazioni di fatto che se messe in bocca a personaggi affermati diventano oggetto di notizia; dette da un poverac-cio qualsiasi, invece, come il mio amico appunto, non sono altro che sciocchezze, roba da disadattati, degne di chi, non avendo sfondato, recrimina.

Considerazioni a parte quel tale mi ha ricordato il tempo in cui dopo avere rinunciato al calcio decise di diplomarsi, per via di una faccenda che dalle nostre parti è molto importante per l'ipocrisia ufficiale, quella che dà stile negli ambienti arrivati, dove bisogna bussare per fare strada contro il versamento di un determinato (dagli altri) prezzo.

In poche parole si mise a studiare come un matto da privatista e andò a fare gli esami di stato per diventare ragioniere. *Partita doppia, costi e ricavi, profitti e perdite a costi ricavi e rimanenze, sistema del reddito e sistema patrimoniale e poi diritto, matematica, spagnolo, economia politica, scienza delle finanze*, e giù a leggere a prendere appunti a fare esercizi. Mi ha detto che si era chiuso in un albergo da poco prezzo, perché doveva campare con i suoi quattrini e qualche spicciolo che un padre, poco padre e molto figlio di buona madre, gli mandava con certe lettere da fare accapponare la pelle; non me le ha fatte leggere per pudore, ma posso immaginare dato che conosco la storia: è uguale a molte altre e ve la risparmio tanto la potete immaginare anche voi.

Alla fine andò a fare 'sti esami e scoprì che secondo i professori sapeva più cose di quante avesse immaginato di avere imparato e allora gli dissero che tutto andava bene: era diventato ragioniere. Poi frequentò l'università dove scoprì che i titolari di cattedra non facevano mai lezione e gli assistenti ritorcevano sugli studenti tutta la rabbia che avevano dovuto ingoiare al tempo dell'arrampicata sociale. Finito che ebbe, il mio amico se ne andò a girare il mondo. La sua famiglia intanto mandava a ramengo il capitale morale e materiale e lui ebbe quattro soldi, così tanto per dovere dire grazie. Li prese perché ne aveva bisogno e poi lui sui soldi non ci ha mai sputato. Ma di tutto il racconto fatto in quel suo modo strano, a mozziconi, una parte mi è rimasta impressa, perché rivela tutto l'uomo che ho la ventura di conoscere e al quale in certo modo voglio bene.

Mi raccontò di quando, tra un giro e lo altro, capitò nel paese dove era cresciuto durante e appena dopo la guerra. Lì c'era la tomba di famiglia, una di quelle cose, disse, che fanno schifo, tanta è la falsità che domina e il pettegolezzo che le circonda.

Il paese era arrampicato su due montagne e in mezzo c'era un fiume matto che erodeva come un tarlo una roccia friabile impastata di fango. Da una parte, quella che si allargava in una specie di piana disegnata dai muri di cinta e da piccoli appezzamenti coltivati a frumento o a quarantino inframezzati da vigne e da filari di peri, avevano costruito un tempo un memorabile cimitero la cui struttura era stata dettata dal numero dei morti che, in quel paese sperduto tra le valli minori della Lombardia a ridosso della Valtellina, erano pochi e *tutti li conoscevano e il messaggio della loro dipartita era dato dal campanaro, con un qualche tiro di corda alla campana più grossa, quella che spandeva il suo lugubre e cadenzato rintocco sin negli anfratti, dove gli uomini andavano per « patòss », l'erba bruciata dei monti con la quale facevano strame per le vacche.*

Dunque, quel tale arrivò ch'era quasi il tramonto e quasi non riconobbe il paese tante erano le case nuove che avevano costruito nella piana e tanto asfaltate erano le strade una volta polverose, che permettevano di avvertire l'arrivo di una macchina a qualche chilometro di lontananza. Però riconobbe il cimitero anche se l'amministrazione comunale, nel rispetto del progressismo e del matrimonio clerico marxista, aveva fatto costruire una specie di anticimitero, moderno, razionale, freddo come la morte e repellente come l'architettura del cemento armato. Dietro, conservato tra la sua pietra grigia segnata dal tempo, era il vecchio luogo di ritrovo delle ossa spolpate dal tempo e mescolate alla terra rugiadosa della valle.

E lì si indirizzò senza perder tempo il mio amico, non tanto per vedere la tomba di qualcuno, ma per ritrovare i suoi giovani anni, quelli che si dividevano tra una partita all'oratorio e le sfrenate corse sugli sci nel pendio sotto la villa. Nel silenzio di quella sera, mi ha detto quasi vergognandosene, sentì tutto il peso della sua solitudine e il desiderio di andare lontano, perché lui, vallo a capire, aveva paura di se stesso, dei suoi pensieri. Ha detto precisamente che il suo passato non lo voleva lasciare, che non riusciva a liberarsene e viveva con accanto la delusione di una famiglia andata in pezzi perché non c'era il divorzio, con la bugiarda questione delle tradizioni che non valevano un fico, con quella predestinazione che domina coloro che vengono su rifiutando il passato senza trovare attorno la scelta che vorrebbero. « Sono diventato un orso » disse « non riesco a farmi capire, parlo e parlo al vuoto ». Ci restai male, lo giuro, sentendo quelle parole.

Però non seppi cosa rispondere. Ci lasciammo frettolosamente. Avevo tante cose da fare, dovevo partire, l'indomani."

11. " Rue Dante, a Montreal "[11]

"Rue Dante, a Montreal, è una strada tranquilla. Da un lato termina nel Boulevard Saint Laurent, una delle arterie nevralgiche della metropoli Canadese, dall'altro in una via senza storia che poi, dopo alcune decine di metri conduce a St. Denis, senza dubbio una via delle più caratteristiche non per particolari attrazioni, ma per il fatto che taglia in due la città da un fiume all'altro come l'incisione di un bisturi.

Rue Dante è un'isola italiana: una lunga fila di case a due o tre piani di mattoni, che un tempo erano rossi e ora sono coperti da quel grigio tipico del paesaggio anglosassone.

Venendo dal Boulevard S. Laurent, si apre una piazza non grande, ma ariosa, anche se un poco banale e più avanti la chiesa dà il tono del villaggio a quel fazzoletto di nostalgia che vuole ricordare la Patria lontana. L'interno del tempio ha il gusto semplice della fede genuina, spontanea, umile. In una delle case di fronte alla chiesa, in una sala non molto illuminata dalla luce biancastra e priva di colore di un sole quasi sconosciuto a noi mediterranei, vi è un altro tempio, completamente diverso ma reso vivo anche questo da una grande fede e dal vero amor di Patria, quello che oggi nella penisola non è più di moda ufficialmente, perché sostituito dall'intrallazzo, dal tornaconto e dagli stracci rossi.

In quella sala vi sono i segni tangibili dell'italianità degli emigrati. Il tricolore, le vecchie fotografie del tempo dell'impresa d'Africa, dei momenti cruciali della nostra storia, le testimonianze del tempo in cui essere italiani all'estero non significava solitudine e disperazione, non era motivo d'amarezza e constatazione del completo disinteresse di Roma.

Chi non ha provato, almeno per una volta, la nostalgia struggente che assale l'emigrato quando pensa alla sua terra, non può capire i sentimenti che ne scalfiscono profondamente l'anima e la disperazione muta che gli sconvolge l'equilibrio e lo rende quasi insensibile perché

---

[11] da " L'italiano"- Anno XIII- Marzo 1972

gli dà la tremenda sensazione di non avere origine, di essere sperduto: un oggetto privo di alcun valore che tende le mani con dignità chiedendo solo un lavoro.

Chi non sa queste cose, chi finge di volere tutto ridurre a una semplice questione di opportunità, non può certo comprendere il significato di quella sala, ma riuscirà a vivere bene in una società come quella odierna, di uomini senza ideali, senza tradizioni, privi di senso storico, dediti a distruggere i segni morali del passato e incapaci di sostituirli.

I comunisti hanno tra i loro obiettivi anche gli emigrati. Con subdola azione disgregatrice tentano di staccare definitivamente gli italiani residenti oltremare dalla Madrepatria sostituendo il legame di sentimenti, di tradizioni e di ricordi con un nuovo tipo di «fede», quella della comunità che si risolve unicamente in una rete di interessi finanziari convergenti che sono prima strumentalizzati in senso antiitaliano e poi indirizzati verso tipi di soluzioni marxiste. Quelle che servono al Cremlino per creare negli stati occidentali teste di ponte da manovrare a distanza.

Le responsabilità del governo di Roma sono di dimensioni enormi. Innanzi tutto gli italiani residenti nelle due Americhe sono praticamente abbandonati a se stessi e i residui legami autentici con l'Italia sopravvivono esclusivamente in forza di iniziative che sono apertamente osteggiate dalla Farnesina.

L'azione svolta dal valido gruppo di italiani di Via Dante, a Montreal, è orientata a contrastare l'insieme dei progetti anti italiani che si vanno tessendo senza che il consolato intervenga.

Ultimamente c'è stata una violenta polemica tra gli italiani residenti nel Quebec. Riguardava certe organizzazioni che pretendevano di rappresentare la totalità degli emigrati. Tali gruppi effettuerebbero discriminazioni nei confronti di uomini di destra per apparire agli occhi di Roma e delle rappresentanze diplomatiche come la voce ufficiale della cosiddetta colonia, e il tutto con lo scopo evidente di essere gli unici interlocutori della Farnesina, con i benefici che questo ruolo comporta e che sono facilmente indovinabili.

Il settore emigrazione opera in guisa tale da provocare risentimento nei vasti strati degli emigrati che non sono irrigimentati nelle organizzazioni faziose alle quali accennavamo. E questi emigrati sono di destra, uomini cioè che non hanno sostituito con i dollari i fondamentali principi della loro coscienza, uomini i quali credono che l'Italia autentica non sia quella rappresentata da Moro e dai suoi delegati diplomatici e attendono nuovi tempi; quelli che si stanno delineando.

Certo sarebbe molto interessante conoscere la destinazione di certe iniziative a favore degli emigrati e il perché di certi indirizzi e non di altri.

Il governo di centrosinistra in lunghi anni di nefasta attività ha provocato una paurosa crisi negli emigrati, ha strumentalizzato numerosi ambienti, ha favorito la penetrazione comunista, ha cercato con ogni mezzo di distruggere l'amor di Patria, non quello oleografico e fideistico, ma quello fatto di orgoglio e di fierezza, di senso pratico e di tradizioni reali, quello in sostanza che caratterizza gli irlandesi, i tedeschi, i francesi che risiedono in America.

Il patrimonio di lavoro e di idee trasferito in altre nazioni deve essere tutelato con ogni mezzo. Non è possibile barattare la disperazione e i sacrifici di milioni di esseri umani illudendosi di non dovere assumersi le relative pesantissime conseguenze morali e politiche.

Quanto si attua a Montreal in Via Dante non è un'opera appariscente e destinata agli onori delle prime pagine, è soltanto un profondo atto di fede e una sublime prova di coerenza e di forza morale."

12. "La terra oltre l'oceano"[12]

"Ebbe inizio quasi per caso, per questo è rimasta cosi profondamente scolpita nella memoria e ha segnato duramente i giorni che seguirono.

Non fu una scelta dettata da valutazioni statistiche o da suggerimenti d'altra natura. Era lo spirito d'avventura che riaffiorava dopo anni, era la ribellione che tutto dominava a imporre quella decisione.

---

[12] da " L'italiano"- Anno XIII- Maggio 1972

Una sensazione indefinibile caratterizzò il viaggio e quando lo spazio fu annullato e il tempo rivissuto anche se con l'ausilio di una illusione, la terra oltre l'oceano apparve fredda nei suoi colori sfumati, sconosciuta anche negli aspetti più banali e scontati.

Non era l'abito adatto a un europeo, il contrasto era stridente, quasi si poteva scorgere con una occhiata distratta il disagio dell'uomo in più sbarcato a Dorval, l'aeroporto tetro, collocato a poche centinaia di metri dal San Lorenzo a ovest di Montreal.

Un agente imponente con due occhi da tricheco guardò distrattamente il passaporto.

- Combien d'argent? domandò con il tono di chi ripete le parole come un automa. La risposta lo sorprese e volle una conferma.

- Bonnes chances, commentò con un sorriso di circostanza. E fu così che il Canada si presentò. Fuori, al di là di una porta a vetri azionata da un congegno elettrico, era la nuova terra diversa da ciò che si può immaginare o credere, una terra da scoprire al di là degli slogans coniati dalle agenzie turistiche o dalle autorità federali.

Ci fu un momento nel quale la paura ebbe il sopravvento e paralizzò i movimenti del nuovo arrivato. Ebbe la netta sensazione che se avesse varcato quella soglia tutto alle sue spalle sarebbe svanito: i ricordi, le speranze, quel pizzico di spavalderia che aveva dato « carburante » all'impresa. Si ritrovò su un taxi diretto verso un albergo al centro della città.

Ormai il più era fatto. Ora si trattava di prendere una doccia e di dormire. La questione del fuso orario aveva scombussolato al di là del prevedibile i suoi calcoli sull'appetito, ma tutto fu sistemato con una costatata da una libbra.

Il resto fu semplice.

Il sonno permise di tornare indietro, di rivedere Roma e il sorriso smagliante delle sue belle donne.

***

Quarantott'ore dopo lo sbarco il nuovo arrivato si presentò, come suo preciso dovere, al ministero della mano d'opera, situato in Avenue Dorchester, nella parte della città vicina al S. Lorenzo e al grande porto fluviale. Al settimo piano in una sala squallida, lunghe panche erano occupate da uomini dai volti tristi, affaticati, in attesa di avere un colloquio con un "consigliere " incaricato di studiare la soluzione migliore per trovare una sistemazione all'emigrante.

Il colloquio fu estremamente formale, le notizie richieste dal «consigliere » numerose e circostanziate. Titoli di studio, esperienze di lavoro, preferenza, aspirazioni e così via. Poi un lungo sproloquio sul Canada, sulla sua organizzazione sociale sulle concrete prospettive, sul tempo necessario per l'ambientamento.

Quindi la domanda imprevista.

« Avete esperienza di vita canadese? »

La risposta del nuovo arrivato fu ovviamente « no ». E allora il «Consigliere » dopo alcune telefonate, riempì una serie di formulari e alla fine comunicò all'emigrante la decisione.

« Dovete presentarvi a questo indirizzo domani alle nove. Seguirete un corso di iniziazione alla vita canadese ».

E fu tutto. Il ministero della mano d'opera del governo federale canadese aveva inquadrato, numerato, schedato, incasellato il nuovo emigrante.

Un esame generico, una presa di contatto, il suggello all'indagine effettuata dall'ambasciata di Roma! Una scrupolosa inchiesta dei dieci anni precedenti e dei parenti, dei genitori, degli affini.

Con un tesserino arancione e un cartoncino giallo recanti dati, numeri, indirizzi il nuovo arrivato si trovò per strada, solo, quasi terrorizzato, disorientato e con tanta voglia di piangere.

Anni di studio, di esperienze, di lavoro, un entusiasmo sconfinato per la vita non gli avevano consentito di trovare una sistemazione sicura e serena nella sua terra. Ora era in una terra sconosciuta, in una società organizzatissima di una efficienza superlativa che nulla lasciava al caso o alla improvvisazione, una società che lo aveva letteralmente vivisezionato per stabilire se presentasse elementi di validità per l'inserimento nel tessuto connettivo canadese.

Lo aveva qualificato e definito utile. Ma tutto ciò lasciava l'amaro in bocca e un nodo alla gola.

- Bonnes chances... aveva ripetuto il «consigliere». Il suo nome era Criroux.

In un viale alberato, in una costruzione di mattoni rossastri con degli infissi violacei, il nuovo arrivato si presentò in perfetto orario dopo qualche timore di non avere ben compreso le indicazioni per giungere a destinazione. L'attesa fu breve. Un usciere leggendo un foglio dattiloscritto pronunciò nove nomi e si formò un gruppetto di sconosciuti, uniti solo da un'unica speranza e dall'identica preoccupazione.

E si ritrovarono seduti attorno a un tavolo, in silenzio, evitando gli sguardi curiosi che si intrecciavano, reprimendo i sorrisi ironici che affioravano spontanei quasi a sottolineare l'imbarazzo che dominava la scena e rivelava l'assurdità dell'avvenimento.

L'incaricata che si qualificò per « madame le professeur » fece l'appello squadrando le persone sedute al tavolo. Un marocchino sui quarant'anni, due francesi giovani e pieni di sussiego, una signora cecoslovacca fuggita da Praga con la figlia, anch'essa presente, un tedesco, tipo panzer, un belga simpaticissimo perché parodiava abilmente il tono cattedratico della canadese che selezionava il gruppo, un greco spaurito e infine il «nuovo arrivato». Fu un esame rapido, fatto di botte e risposte. Poi la prima lezione.

La donna incaricata dal ministero di erudire il gruppo iniziò a parlare della civiltà canadese, dalla storia canadese.

Il greco la guardava con aria stupefatta, i due francesi per via dei legami linguistici avevano assunto un atteggiamento neutrale, le due cecoslovacche erano come assenti, incapaci - lo si seppe nei giorni successivi - di rendersi conto di essere finalmente a migliaia di chilometri dal « paradiso » comunista. L'italiano ascoltava con estrema attenzione per non perdere una parola.

Il discorso della donna era tale da lasciar intendere che gli emigranti fossero dei poveri ignoranti, degli incapaci, uomini venuti da un altro pianeta, non in condizione di comprendere e valutare la differenza riscontrata nella società canadese. A un certo punto il «nuovo arrivato» fece intendere di volere parlare e commise l'errore di dire quello che pensava.

« Lei - chiese a madame - sa da dove vengo io? »

« Mais oui...» fece la donna con molta benevolenza senza avvertire il pericolo insito in quella domanda.

« Allora saprà che l'Italia è una penisola del Mediterraneo dove è sorta la civiltà romana, dove sono nati Dante, Petrarca, Machiavelli, Leonardo, Michelangelo, Cavour e Mussolini...».

« Mussolini...? » esclamò la donna allibita.

« Mais oui » rispose l'italiano e proseguì « noi abbiamo oltre diecimila anni di storia alle nostre spalle e il Canada, e lei lo sa, è stato popolato dagli europei ».

Ci fu un attimo di smarrimento, ma la faccenda, almeno sul momento, non ebbe seguito. Il corso proseguì tra spiegazioni, proiezioni di film, conversazioni. Il nuovo arrivato non parlò più, perché se ne era andato dopo la prima lezione. Aveva iniziato il lavoro per il quale aveva intrapreso quel lungo viaggio.

Mesi dopo compiendo una visita al ministero della mano d'opera per ritrovare dei documenti incontrò le due cecoslovacche.

Erano sempre spaurite e timorose, non erano ancora riuscite a togliersi dalle spalle la paura. Cordiali e gentilissime, sorrisero allo italiano quasi fosse un amico.

Fu strano per il « nuovo arrivato » quello incontro; era come se la distanza fosse stata di colpo annullata e si trovasse di nuovo in Europa, con di fronte i temi dominanti della vita del vecchio continente, con le incertezze, i timori, le ossessioni, le speranze, a volte le illusioni.

Le parole che si dissero, quasi sussurrate, furono semplici.

Uno scambio di auguri, qualche confidenza sulla difficoltà di ambientamento, il ricordo della lezione al corso di « iniziazione ».

« Lo sapete - disse a un certo punto la ragazza dai grandi occhi tristi - madame le professeur vi ricordava sempre e diceva... quel tipo ha del temperamento... mais c'est dommage, il est parti ».

Si, il nuovo arrivato era « partito » non era più un emigrato era un « bon canadienne » lo avevano stabilito le autorità federali del ministero della mano d'opera. In alcune serate tuttavia, camminando per il boulevard Saint Denis, l'uomo pensava in italiano e mormorava parole non troppo eleganti.

In quei momenti la sua mente era lontana, vagava per la notte romana, a piazza di Spagna, a Piazza del Popolo, a Piazza San Pietro e invece dei plotoni di grattacieli e di case annerite dalla caligine e invecchiate dal gelo che formavano il paesaggio di Montreal, vedeva il volto familiare della città del cuore. Ogni cosa ha il suo prezzo concludeva, mentre l'eco dei ricordi sembrava una preghiera e i suoi passi risuonavano tristi in una città senza entusiasmo."

13. *"A Trieste con amore"*[13]

"Arrivò a Miramare che era l'alba. Si udiva solo la risacca adagiarsi pigramente sulla costa e lontano sul mare, avvolte dalla bruma alcune barche sonnecchiavano in attesa che il sole desse colore al golfo, vita alle colline e bagliore alla scogliera fin giù oltre Sistiana.

La città si svegliava come in un rito, ma su tutto incombeva una malinconia che contrastava con il carattere gioioso della gente.

Le banchine del porto di Trieste erano deserte, parevano spoglie del loro abito più bello, sembravano occhiaie vuote, consumate dalle lacrime. Il visitatore si spinse sino a Muggia, dove negli anni dell'Impero Asburgico la flotta austriaca si rintanava. Ora lo spettacolo era ancora affascinante, ma aveva il fascino di certe marine statiche e avvolte nel fascino melanconico della fantasia, che artisti importanti hanno reso famose. Il cobalto del mare pareva fondersi nel verde e nel marrone scuro della costa, mentre la foschia danzava a pelo d'acqua e in alto l' azzurro del cielo andava rischiarandosi cedendo il posto al riflesso del sole. Da quel punto d'osservazione si vedeva il porto, il cantiere e dietro le industrie. Ma lo spettacolo era artificioso, quasi che non pulsasse dentro a quelle opere l'anima di uomini soddisfatti e fiduciosi. Al ritorno trovò Piazza dell'Unità percorsa da triestini frettolosi mentre i grandi alberghi sul lungomare, deserti e segnati dal tempo, tradivano l'antico splendore e avevano i segni della decadenza nascosti con dignità e ammantati di orgoglio e forse di speranza.

Una città senza corpo la definì il proprietario di un bar servendo un fumante caffè al visitatore; una città senza avvenire, rinchiusa in se stessa, senza spazio vitale; un'appendice isolata da un confine tremendo che la soffoca lentamente. Le austere strade fiancheggiate da

---

[13] da " L'italiano"- Anno XIII- Aprile 1972

palazzi di pretto stile austriaco, le piazze ariose, i viali spaziosi denunciavano la città di rango e testimoniavano del grandioso passato degli anni italiani che avevano fatto del porto un centro nevralgico e del cantiere una gloria e degli uomini una schiera di lavoratori consci della propria capacità e del ruolo primario nell'economia nazionale della loro città.

« Ora proseguì il triestino tutto procede così senza ragione, senza entusiasmo; si sopravvive. La gente sta cambiando, non ha "fiducia". E questo si vedeva, si sentiva, si capiva. Un'economia senza traguardi, senza slancio, proiettata non verso valide mete, ma ridotta all'osso con la sola ambizione di soddisfare i bisogni della comunità.

La Foiba di Basovizza raggela il sangue, è un luogo di morte e di martirio. Attorno alla grande lapide che racchiude la fenditura, l'erba non cresce più, quasi a segnare il gelo e la tragedia di cui fu testimone. Il visitatore rimase a lungo fermo a osservare a immaginare, a pregare, a riflettere sull'indifferenza di una certa Italia, sull'insensibilità della gente che discrimina il dolore e i sentimenti, che non ha fiori né parole né atti per coloro che morirono solo perché erano italiani, di quelli veri.

Attorno le colline limitavano il cielo; un cielo che anche oltre il crinale ha il colore del nostro, ma che nostro non è più e sembra piangere e ha assunto le sfumature della tristezza.

Il ritorno a Trieste fu angoscioso: si sentiva in ogni cosa la presenza del provvisorio, del momentaneo, si respirava l'isolamento che caratterizza la città.

Il visitatore si recò a Redipuglia e di fronte a quel Monumento, a quell'armata silenziosa si chiese se la Storia rende giustizia, se il futuro annulla il passato oppure lo rinnova.

Trieste, Gorizia, Redipuglia, Monfalcone sono come avamposti abbandonati, isole del passato che il presente artificioso cerca di cancellare sovrapponendo interessi fumosi, corrosi da rivalità letali, destinati a far precipitare nel nulla le aspirazioni di chi vuol rinnovare *l'impegno civile e morale per uscire dall'acidia, per rilanciare la vita e ritrovare quella dignità che è stata barattata da certa parte politica che non ha avuto vergogna a calpestare l'anima di un popolo pur di dominare.*

Trieste sembra un fiore che sopravvive in una palude e quel mare che non ha confini, un tempo amico e portatore di benessere, oggi è infido, nemico, minaccioso solo perché chi potrebbe non agisce per domarlo e per renderlo vivo, alleato, generoso.

Era sera inoltrata quando il visitatore lasciò la città giuliana e giunto a Sistiana si volse un'ultima volta per un saluto.

Dentro di sé aveva amarezza e sentiva un senso di colpa. I fari dell'automobile che fendevano l'oscurità incombente erano l'unico segno di vita in quella strada di frontiera che si snodava come un lamento sulle balze rocciose del Carso, verso la piana di Gorizia.

14. *"Nell'urna dei ricordi"*[14]

"A qualche decina di chilometri da Berna, in direzione nord-ovest in un paesaggio autenticamente svizzero, fatto di declivi e di squarci di verde cupo stemperato da macchie di boscaglie d'un marrone con sfumature giallastre, si adagia Bienne, Biel in tedesco, una città per il sessanta per cento popolata da svizzeri di lingua francese e per il resto di lingua tedesca. A pochi passi dal centro appena dopo un parco affascinante, turgido di muschio e abitato da secolari querce, da castani sonnecchianti, da cespugli di noccioli annoiati dalla tranquillità, in un silenzio penetrante, in una quiete che sa di misura oltre il tempo, vi è il lago, freddo nella sua staticità a far da specchio

---

[14] da " L'italiano"- Anno XIV- Dicembre- Gennaio 1973

*alle montagne, antemurale delle cime che fanno da corona a una fetta
di paradiso collocato in uno degli angoli più suggestivi della terra,
quello della terra dei laghi infatti, da quello di Ginevra a quello di
Neuchatel.*

*Bienne è un luogo dove la vita è misurata dal cadenzare degli
orologi.*

*La Zenith e l'Omega vi hanno i loro stabilimenti e tutt'attorno
operano aziende collegate e negli alberghi soggiornano i clienti
internazionali, coloro che danno il tono alla città e la rendono unica
nel suo genere. Alla ora di colazione la scelta è ampia: dalla cucina
francese a quella italiana per chiudere con quella svizzero-tedesca, ma
il tutto in un contesto di moderazione, di sincronismo.*

*Immersa nel verde la città è ideale per pensare; in alto sulla collina
si ergono le dimore residenziali dei protagonisti della vita cittadina, di
coloro cioè che hanno scelto questo punto della terra per assaporare la
esistenza in un modo particolare, quello della dolcezza.*

*Molti anni fa a un girovago per vocazione capitò di soggiornare a
Bienne e quello fu un tempo che, a quanto mi ha riferito sapendomi alla
ricerca inesauribile di argomenti da ridurre in righe di piombo, è rimasto nella sua memoria anche se tante successive vicende, non
sempre liete, hanno sovrapposto immagini indelebili, strati di ipocrisia
e di nausea ormai cristallizzati al sapore del ricordo, ai particolari che
parevano insignificanti, ma che in effetti erano la parte più genuina di
quel contatto delicato, segnato da un profondo rispetto e dal desiderio
di conoscere tutto, sì proprio come quello che si ha verso certe donne
che sembrano irraggiungibili.*

*Le parole della rievocazione fluivano docilmente, come la brezza che
danzava su quel lago e se avevano delle pause pareva proprio che,
come il vento, si insinuassero tra le foglie, giocassero a rimpiattino con
il sole, carezzassero le ali alle anitre selvatiche che qualche volta
sostavano nel loro viaggio verso la primavera.*

Verso il tramonto dopo una giornata di lavoro segnata da dialoghi in francese, quasi sempre approssimativi da parte del girovago, il rifugio era là nel bosco che faceva da proscenio all'acqua certe volte grigia, altre volte azzurra, sempre in lieve movimento tinta dai colori degli alberi, vanitosa per le nuvole che si riflettevano nel divenire di nuove immagini nella ricerca del volto umano che si andava dissolvendo tra i cumuli rigonfianti dall'alito del cielo.

Una volta, d'autunno, nell'incedere pacato ormai alle soglie dell'oscurità, mentre le foglie ingiallite cadevano come al termine di una stagione violenta nel desiderio di pace e di torpore, il girovago sentì penetrante il desiderio di sostare e di guardare in alto, per indovinare il cielo tra l'intrico dei rami che come braccia assetate di luce e d'amore si avviluppavano sfiorandosi, con le residue foglie che si volgevano al rossore delle nuvole in cerca di calore. In quegli attimi di beatitudine, il pensiero si svincolava e si librava libero, e la dimensione della tristezza lasciava il campo alla consapevolezza della serenità interiore e all'amarezza dell'incombente domani con i suoi problemi contingenti che umiliavano la genialità e limitavano sempre più l'isolamento cui tendeva per ritrovare la propria autentica misura, quando scorse una coppia di anziani signori che tenendosi per mano procedevano, ignari di essere osservati, scambiandosi sorrisi.

I capelli di lei seppur nascosti da un fazzoletto turchino a fiori gialli erano bianchi e
all'osservatore i riflessi d'argento parevano lampi di felicità; il sorriso della donna, dolcissimo, rivelava una serenità interiore che sembrava una sorgente inesauribile di poesia, un messaggio di bontà incastonato in un paesaggio che andava assumendo il volto della notte, un volto che sempre rivela i veri contorni dell'anima, al quale solo gli sciocchi possono sovrapporre la frenesia, i fumi dell'alcool, gli amori prezzolati acquistati lungo le strade e che imputridiscono sotto gli abiti sfavillanti della vanità.

Le mani dei due anziani innamorati si intrecciavano in un messaggio perenne e i loro volti si sfioravano lievemente e parevano di alabastro.

Come un soffio di vita le labbra si atteggiarono a un bacio pulito, e dopo non rimase che la sensazione di vuoto: il tutto svanì oltre un breve promontorio con un ultimo guizzo dell'abito di lei che pareva un battito di ali.

La lieve risacca risvegliò il girovago e lo abbraccio dell'umidità penetrante lo scosse mentre dal lago si levavano, come spettri in cerca del passato, le prime avvisaglie della nebbia che si andava raggruppando al centro dello specchio d'acqua e si innalzava gradualmente cercando la via da seguire per avviluppare la natura e immergerla nello oblio.

Lungo la costa qualche luce brillava, segnando i luoghi ove la vita continuava cercando di ignorare la verità, ricorrendo agli artifizi della scienza.

Alle spalle del girovago si udì una voce gutturale; era un agente di polizia, quelli che in Svizzera hanno il compito di controllare la chiusura dei locali, quelli che avvertono che è ora di smettere di bere perché l'indomani la vita riprende. Chiedeva se fosse accaduto qualcosa, se il solitario osservatore del silenzio avesse bisogno d'aiuto. La risposta tranquillizzò il solerte tutore dell'ordine. Il girovago tornò sui suoi passi, giunse all'albergo e chiese le chiavi della sua camera, e intanto pensava ai due innamorati del lago, al fruscio del vento, alla nebbia, al silenzio.

Erano immagini autentiche, momenti da raccogliere nell'urna dei ricordi, sensazioni che avrebbero formato il suo passato.

In alto oltre la cortina di nebbia brillavano le stelle; erano come il mormorio di una preghiera."

15. "A 10 anni dalla morte"[15]

"All'una e trenta del mattino di lunedì 30 novembre 1874, nel palazzo Blenheim della famiglia Churchill, situato presso Woodstock nell'Oxfordshire, nasceva Winston Leonard Spencer Churchill, il futuro Winnie, l'uomo destinato a impersonificare dal 1911 alla morte, avvenuta a Londra il 24 gennaio 1965, lo spirito imperialistico britannico, la fredda volontà di usare ogni mezzo pur di impedire ai potenziali avversari dell'Inghilterra di raggiungere la statura di grande potenza, la micidiale e livellatrice forza politica economica e militare usata per stroncare i paesi in grado di insidiare il predominio inglese.

Su Winston Churchill, personaggio cardine della storia per almeno un cinquantennio, è stato scritto tutto, anche in chiave agiografica. Il mito del tenace combattente della democrazia, la leggenda del più autorevole difensore della libertà sono consolidati, consegnati ai posteri, sono oggetto di culto e di commemorazioni, fonte di compiacimento, di brividi e di commozione per i sacerdoti delle memorie imperiali inglesi e per i beneficiari della sua politica.

I critici, i prudenti analizzatori delle sue molto discutibili decisioni, gli scettici abituati ad approfondire l'esame storico e a non soffermarsi alle interpretazioni ufficiali, giudicano con minor entusiasmo l'azione di governo di Churchill e ritengono avventurose certe sue impostazioni strategiche, dettate da incompetenza specifica, da megalomania, da assoluta mancanza di cavalleria. La spregiudicatezza, essenziale in un uomo politico deciso a raggiungere le vette del potere, diventa in Churchill cinismo.

---

[15] da " L'italiano"- Anno XVI- Gennaio 1975

*Affare Lusitania, Gallipoli, Offensiva Ascia di guerra (Battleaxe),
Yalta sono le tappe più significative degli errori di valutazione
dell'uomo politico inglese del quale questo anno ricorre il decennale
della scomparsa e del quale la Gran Bretagna ha celebrato il
centenario della nascita nei mesi scorsi.*

*Convinto di essere destinato a guidare il popolo britannico e l'impero
di Sua Maestà verso mete ancora più prestigiose, Winnie non esitò a
escogitare i mezzi più subdoli per imporre il proprio punto di vista.
Scrive infatti in « The World Crisis »: « La prima contromanovra, fatta
sulla mia responsabilità... fu quella di scoraggiare i tedeschi da un
attacco in superficie. L'U-Boot, obbligato a rimanere immerso, avrebbe
sempre più dovuto fare affidamento soltanto su attacchi sott'acqua e
correre così il rischio di scambiare le navi neutrali con quelle inglesi e
affondare equipaggi neutrali, compromettendo la Germania con altre
grandi potenze ».*

*Questa era la linea di condotta di Churchill, primo Lord
dell'ammiragliato, nel 1914 e nei mesi immediatamente precedenti l'affondamento del grande transatlantico inglese « Lusitania».*
*« Un sommergibile, secondo le leggi di guerra, avrebbe dovuto fermare
una nave mercantile disarmata con un colpo sparato a prua,
perquisirla e nel caso fosse una nave neutrale lasciarla proseguire.
L'azione di Churchill di armare le navi mercantili le privò del diritto di
avere un simile trattamento ». (Colin Simpson, « Il Lusitania » Rizzoli
Editore, pag. 32).*

*In data 16 marzo 1914, alcuni mesi prima dello scoppio delle ostilità,
il primo Lord dell'ammiragliato annunciò alla Camera dei Comuni che
« circa quaranta navi mercantili inglesi » erano state armate e definì il
Lusitania una « esca viva» (livebait).*
*Il « Lusitania » venne silurato alle 14,10 del 7 maggio 1915, dall'U-20
al largo dell'Islanda. Affondò alle 14.28 trascinando con sé 1201
passeggeri in gran parte americani. L'esca viva, carica oltre che di*

*passeggeri ignari della realtà, di munizioni, armi e truppe, armata di
pezzi di grosso calibro a tiro rapido, aveva funzionato perfettamente.
Gli Stati Uniti insorsero accusando il Kaiser di ricorrere alla guerra
terroristica. La Gran Bretagna pilotò l'inchiesta; le dichiarazioni dei
superstiti che conoscevano la verità furono accuratamente occultate, i
risultati raggiunti. Le simpatie di gran parte degli americani, contrari
alla guerra contro la Germania guglielmina, subirono una brusca
deviazione di rotta, analoga a quella imposta dall'ammiragliato al
timone del Lusitania e che portò il piroscafo entro il raggio d'azione
dell'U-Boot.*

* * *

*Il tentativo di forzare gli stretti dei Dardanelli e di colpire la Turchia
alleata degli Imperi centrali si risolse in un disastro che persino Liddel
Hart, strenuo difensore di Churchill, è costretto a definire con questi
termini tipicamente vittoriani: « Scese così il sipario su un piano
sensato e lungimirante, andato a vuoto per una serie di errori quasi
senza precedenti persino nella storia inglese ». (Liddel Hart, « La
prima guerra mondiale » Rizzoli Editore, pag. 171).
La sconfitta subita costrinse Churchill a dimettersi (novembre 1915).
I suoi avversari politici e persino alcuni ambienti del gabinetto
britannico chiedevano da tempo la sua testa. Invadente, egocentrico,
accentratore, diffidente, scostante, despotico, Churchill rinfoderò la
spada e dopo una breve apparizione al fronte, si dedicò alla stesura di
« The World Crisis », pubblicato nel 1921.
« ... è riconosciuto comunemente per quello che vale, un saggio di
autodifesa che Lypton Strachey definì in maniera molto azzeccata
parlandone con Maynard Keynes:" Winston ha scritto un'opera in
quattro volumi su se stesso e l'ha chiamata ' La crisi mondiale ' ",
(Colin Simpson, Il Lusitania, pag. 255).*

L'insuccesso ai Dardanelli rivelò la fragilità della strategia inglese, basata essenzialmente sul potere marittimo, attuato secondo la tattica « Lusitania ». Le truppe sbarcate a Gallipoli si batterono al limite della resistenza umana. Churchill dimostrò nei momenti peggiori della crisi di non essere in grado di scegliere i comandanti delle forze navali e quindi aggiunse sospetti, contraddizioni, tensione e invidie al bagno di sangue nel quale si dissolvevano le divisioni gettate nella lotta sulle spiagge degli stretti, spazzate dal tiro delle artiglierie tedesche fornite ai turchi e falciate dalle mitragliatrici Spandau.

L'operazione, preparata male e realizzata senza convinzione proprio dai comandanti scelti e imposti da Churchill, segnò con il suo tragico epilogo la fine della prima fase della vicenda politica di Winnie. Una conclusione in tutto degna di lui.

***

Le doti di trasformista consentirono a Churchill di essere conservatore, liberale, nuovamente conservatore; sino al 1934 proclamò reiteratamente la sua simpatia per Mussolini e per il Fascismo.

Al fine di dare un saggio della sua poliedricità, Winnie, dal 1924 al 1929 partecipò al gabinetto conservatore di Baldwin con l'incarico di cancelliere dello scacchiere. La sua politica economica gli procurò le pesanti critiche di Keynes e sfociò in deflazione, disoccupazione e scioperi nel 1926. La grande crisi segnò l'inizio di un periodo di eclisse, dedicato alla stesura di opere storiche e politiche sempre improntate al culto della sua persona o a quello dei suoi avi.

Analogamente a quanto aveva riservato a Mussolini, anche nei confronti di Hitler, Churchill manifestò sino al 1932 notevole simpatia. Tuttavia mutò parere quando si rese conto della minaccia insita in una Italia forte nel Mediterraneo e in Africa e in una Germania poderosa al centro dell'Europa, proiettata prepotentemente verso la conquista dei mercati internazionali e particolarmente attiva nel Medio Oriente.

Con il precipitare della crisi nel 1939 ebbe nuovamente l'incarico di primo Lord dell' ammiragliato, poi, quando le Panzerdivisionen frantumarono le difese francesi e belghe, nella primavera del 1940, subentrò a Cham-berlain. Era il 10 maggio.

Sapiente forgiatore di slogans, abilissimo public relalions man, sottile e insinuante manipolatore dell'opinione pubblica, inimitabile elaboratore di frasi ad effetto, profondo conoscitore degli uomini che disprezzava, ma usava senza remore, Winston Churchill esordì nell'incarico di primo ministro con la storica dichiarazione diretta agli inglesi via radio: « Non ho niente altro da offrire che sangue, lavoro, lacrime e sudore ». Una scelta di parole acuta e teatrale, troppo perfetta per essere stata spontanea.

Verso la metà del 1941 la situazione per gli inglesi non era delle più rosee. Costretti ad evacuare la Grecia dove avevano perduto un quinto della forza di spedizione, sconfitti a Creta e duramente colpiti sul mare nella fase di sganciamento nel tentativo di riguadagnare l'Egitto, preoccupati per l'andamento degli avvenimenti in Siria controllata dai francesi di Vichy, si trovavano a dovere fronteggiare, in Cirenaica l'offensiva italo-tedesca guidata da Rommel.

«Mentre Wavell (comandante del Medio Oriente n.d.r.) era alle prese con questo groviglio di battaglie perdute e nuovi pericoli, Churchill lo sollecitava ad attaccare Rommel. Ancor prima che l'avventura greca fosse finita, l'obiettivo supremo del primo ministro era divenuto una vittoria nel deserto occidentale che distruggesse l'esercito di Rommel. Ciò avrebbe salvato dal naufragio la nostra situazione in Egitto ». (Correli Bernett, I Generali del Deserto, Longanesi e C., pag. 107).

Wavell tentò di resistere alle smodate pressioni del premier, ma alla fine dovette cedere. Churchill gli rimproverava aspramente di non sapere usare gli ingenti mezzi inviati, tra i quali trecento nuovi carri armati.

Il Comandante in capo era perfettamente a conoscenza dei mezzi a disposizione della sua aviazione e di quelli dell'avversario; sapeva che le interpretazioni propagandistiche circa l'«inefficienza» in combattimento delle truppe italiane erano solo strumentali; chiedeva tempo per organizzarsi, per non aggiungere una sconfitta psicologicamente traumatizzante alla catena di batoste sino a quel momento collezionate in tutto lo scacchiere.

Il braccio di ferro fu vinto da Churchill. « Battleaxe » iniziò il 15 giugno 1941, quasi in concomitanza con l'anniversario di Waterloo. L'offensiva delle forze dell'Impero britannico si risolse in una dura sconfitta. La Quarta brigata corazzata del generale Gatehouse perdette novantanove carri su centoquattro e questo segnò la fine della manovra avvolgente della « Battleaxe » e mentre ben lungi dall'essere schiacciato, Rommel ne usciva appena scalfito, Churchill fu amaramente deluso per lo scacco.
Ma non si rese conto che l'operazione « Battleaxe » era stata disperatamente prematura; e pertanto la lezione che se ne poteva ricavare andò perduta per lui. Con stupefacente ingiustizia, comunque, il fallimento dell'operazione spinse il primo ministro a esonerare Wavell dal comando facendo ricadere ogni biasimo per la rovina... non su se stesso, ma su Wavell ». (Correl Bernett
I generali del deserto, pagg. 111 e 112).

I giudizi storici dello scrittore inglese non hanno bisogno di ulteriori commenti.

Il capolavoro di Churchill è, comunque, Yalta. Dopo quasi cinque anni di guerra il primo ministro si rese conto che l'Inghilterra, entrata nel conflitto per difendere il proprio impero, aveva combattuto e stava combattendo per costruire l'impero sovietico, per smantellare il proprio, per passare la mano agli Stati Uniti. La staffetta della leadership occidentale avvenne proprio sulle rive del Mar Nero, quando Stalin e Roosevelt tubavano alle spalle di Churchill che, come un gigante ferito e dissanguato, dava colpi di coda tremendi a tutte le regole della diplomazia tripolare cercando disperatamente di non venire sopraffatto dall'intesa russo-americana che si stava cementando davanti ai suoi occhi increduli. Le illusioni del vecchio statista crollarono di colpo e in un attimo di lucidità, spogliato finalmente dalle infrastrutture imperiali, dal bigottismo anglosassone, dalle affascinanti, ma speciose tesi della «pax britannica», vide chiaramente la meta verso la quale marciava la storia. Il mondo in cinque anni era mutato: le ragioni che avevano portato la Gran Bretagna a cercare la guerra si ritorcevano contro di essa travolgendo tutta l'Europa, imponendo nuovi equilibri, nuovi interlocutori, nuove regole al gioco. Londra aveva fatto la guerra a favore dei suoi nemici interni, l'India, l'Egitto, il Sud Africa e l'Australia.

Churchill dopo la vittoria venne sconfitto alle elezioni e dovette cedere il passo al laburista Attlee. Il 5 marzo 1946 denunciò il pericolo sovietico in un discorso a Fulton, coniò l'ultimo dei suoi slogans « il sipario di ferro ». Ma era condannato dalla storia e il tradizionale canto del cigno, il ritorno al governo nel 1951, segnò la fine del suo ciclo.

Nel 1955 si ritirò, proprio alla vigilia dello scoppio della crisi mediorientale: una eredità degli errori compiuti tra il 1940 e il 1945.

Uomo dell'ottocento sotto tutti i punti di vista, Winston Churchill, Winnie, impersonò l'Inghilterra in ogni suo aspetto, anche nella decadenza e il suo tramonto non ebbe nulla di poderoso e di epico. Non fu un « crepuscolo degli dei ".

16. "Cornelius Ryan: «L'ultimo ponte», Ediz. Mondadori"[16]

"La pubblicazione dell'ultima opera di Cornelius Ryan è quasi coincisa con la morte del suo autore, giornalista e storico, irlandese di nascita, naturalizzato statunitense nel 1951, corrispondente della «Reuter » e del « Daily Telegraph » durante la seconda guerra mondiale, autore tra l'altro, de «Il giorno più lungo » e de « L'ultima battaglia », dedicati rispettivamente, all'invasione della Normandia, e alla disperata difesa di Berlino investita dalle truppe di Zukov nel 1945.

Questo « Ultimo ponte », ha per titolo originale in inglese, « A Bridge Too Far » (Un ponte troppo lontano). Il titolo, se rispecchia il nucleo dell'analisi compiuta da Ryan sull'invasione dell'Olanda da parte delle truppe aviotrasportate anglo-americane, ha, tuttavia, un significato emblematico, legato agli ultimi anni di vita dell'autore, minato da un male inesorabile che ad un certo punto parve impedire il compimento dell'opera.

La sovracopertina del lussuoso volume è ricavata da una fotografia del lancio dei paracadutisti nell'operazione Market- Garden scattata, il 17 settembre del 1944, nelle brughiere olandesi tra Eindhoven, Nimega e Arnhem. E' una imponente testimonianza della grandiosità dell'attacco sferrato dagli inglesi e dagli americani per conquistare un corridoio, attraverso il dedalo dei canali e dei ponti dell'Olanda, dal quale avventarsi contro la Rhur e il cuore della Germania.

Nel settembre del 1944 gli alleati avevano rioccupato il Belgio, premevano contro la Germania, a est, e contro i Paesi Bassi, a nord e a nord-est; avevano occupato casualmente Anversa e ritenevano i tedeschi in rotta, ormai privi di volontà di combattere dopo le terrificanti battaglie di annientamento susseguitesi dal « D-Day », il 6

---

[16] da "" L'italiano- Anno XVI- Febbraio- Marzo 1975

giugno.

Il pianò Market-Garden viene prendendo corpo in una selva di polemiche e di gelosie, di rivalità e di sospetti tra i maggiori capi militari alleati: Eisenhower, Montgomery, Bradley, Patton tanto per citare i più noti. Accanito sostenitore della necessità di sferrare un colpo decisivo alla Germania attaccando dall'Olanda, la via più breve per colpire i residui centri vitali del nemico, è il feldmaresciallo Montgomery. L'operazione è senza dubbio ardita e il piano affascina il presidente Einsenhower; si tratta di lanciare un'armata sull'Olanda, conquistare i ponti chiave tra Eindhoven e Arnhem, e mentre i parà scesi in pieno giorno in territorio nemico creano il corridoio conqui-stando i ponti (operazione Market), le truppe del 30° corpo d'armata corazzato al comando del generale Horrocks, facente parte della 2ª Armata britannica di Dempsey, in perfetta sincronia con gli assalti dal cielo, danno il via alla cavalcata di carri armati con obiettivo il ponte di Arnhem, l'ultimo anello della catena indispensabile per aggirare le difese tedesche della linea Sigfrido.

Le divisioni aviotrasportate – 1ª Britannica, 82ª e 101ª americane - possono resistere tre, quattro giorni senza l'appoggio dei corazzati; si pensa che le difese tedesche siano fragili, con poca capacità di reazione di fronte ad un attacco di poderose dimensioni.

Cornelius Ryan, con un lavoro di sette anni e la collaborazione di una équipe di specialisti, ha ricostruito il mosaico della gigantesca operazione. L'agonia della 1ª Divisione aviotrasportata britannica, fatta a pezzi ad Arnhem da due divisioni panzer, la 9ª SS Hohenstaufen del T. Colonnello Harzer e la 10ª SS Frandsberg del generale Tarmel, riunite nel 2° Corpo Panzer SS al comando del brillante generale Bittrich; gli atti di eroismo e di cavalleria di ambedue i contendenti; le testimonianze dei superstiti della battaglia; l'ansia e l'angoscia degli olandesi; la rabbiosa e orgogliosa difesa dei Red Devils (i diavoli rossi) inglesi; il capolavoro del feldmaresciallo von Rundstedt e del *feldmaresciallo Model, intervenuti fulmineamente per circoscrivere la minaccia e stroncare l'offensiva; i retroscena dello spionaggio e la rocambolesca vicenda dei piani di Market-Garden caduti nelle mani dei tedeschi; l'esaurirsi graduale della spinta del 30° corpo britannico e lo spegnersi lento, ma inesorabile di tutta l'operazione, sino alla ritirata dei superstiti della I^a divisione inglese, sono dipinti da Ryan con tratti indelebili, perentori, alle volte commoventi, ma senza ricerca dell'effetto, e sempre nel rispetto rigoroso della verità storica.*

Il libro è un susseguirsi di situazioni, di personaggi autentici, di vicende che si staccano dalle pagine con una lucidità assoluta, al punto da coinvolgere il lettore negli avvenimenti stessi, in una sorta di simbiosi indefinibile, nella quale la realtà perde i suoi contorni per ritrovarsi in un passato che il racconto fa rivivere mirabilmente, come se fosse attuale, come se nel momento stesso in cui lo si legge stesse svolgendosi e si rimane disorientati di fronte allo sciamare delle migliaia di aerei e di alianti emersi dalle brume degli aerodromi inglesi e diretti verso le zone di lancio e di atterraggio; si sente sulla pelle il brivido di emozione provato dagli olandesi, convinti di essere alle soglie della fine dell'occupazione: ci si trova dinnanzi o al fianco dei tedeschi, dapprima sorpresi, poi mirabilmente proiettati nella costituzione di una linea di difesa, di gruppi di combattimento per contrastare l'occupazione dei ponti, per isolare gli attaccanti.

Dal 17 al 26 settembre 1944, l'operazione Market-Garden ebbe quale miraggio il superamento del Reno. Agli alleati, sconfitti senza attenuanti, costò perdite ingenti: nei nove giorni di combattimento dovettero registrare tra morti, feriti e dispersi, 17.365 perdite.

A questo proposito Cornelius Ryan scrive (pag. 548): « Davvero c'era parecchio da meditare: la I^a divisione aviotrasportata era stata sacrificata e mandata al macello. Degli effettivi di Urquhart, (il comandante della unità, n.d.r.) cioè 10.005 uomini, erano tornati di là dal Reno soltanto 2.163 soldati più 160 polacchi e 75 uomini del

Reggimento Dorset. In nove giorni la divisione aveva avuto approssimativamente, 1.200 morti, 6.642 dispersi, feriti o prigionieri. Si seppe più tardi che i tedeschi a loro volta avevano subito gravi perdite: in totale 3.300 di cui 1.100 morti ».

Il fulcro dell'operazione era il ponte di Arnhem, ma i tedeschi non mollarono, costringendo Montgomery a masticare amaro e ad arrampicarsi sugli specchi per non ammettere la secca sconfitta. Uno storico americano ha scritto: « Così fallì la più grande operazione aviotrasportata di tutta la guerra; benché Montgomery abbia dichiarato che era stato conseguito un successo del 90 %, l'affermazione non è altro che una consolante metafora. E' vero, tutti gli obiettivi salvo Arnhem, erano stati conquistati, ma senza Arnhem tutto il resto era come niente. Tanto coraggio e tanti sacrifici valsero agli alleati una saliente di poco più di ottanta chilometri che non conduceva da nessuna parte », (John C. Warren, Airborne Operations in World War II, European Theater, p. 146).

L'operazione Market-Garden è stata ricostruita da Ryan non soltanto nei termini classici dei più raffinati studi storici - salvo alcuni nei dovuti a esigenze propagandistiche anti-tedesche tutt'ora presenti negli storiografi inglesi e americani - ma anche in delicata chiave umana.

« Il soldato semplice John Garzia, che era già stato paracadutato tre volte in azioni di guerra con la 82ª divisione aviotrasportata, era trasecolato. Per lui l'operazione Market-Garden « era una pazzia bella e buona ». Pensava che « Ike era passato ai tedeschi ».

« Il soldato scelto John Alien, di ventiquattro anni, reduce da tre lanci e tuttora convalescente di ferite riportate in Normandia, era pieno di filosofia: "Non mi hanno mai colpito in un lancio di notte " - disse con aria solenne ai suoi compagni - " questa volta mi vedranno e potranno mirare giusto " ».

« Il sergente Russel O'Neal, con tre lanci notturni in combattimento al suo attivo era convito che " la sua fortuna irlandese era ' agli

sgoccioli ". Quando venne a sapere che la 82ª sarebbe stata fatta
atterrare di giorno scrisse in una lettera che non mandò mai:

« Cara mamma, puoi appendere una stella d'oro alla finestra, questa
notte. E' molto probabile che i tedeschi ci becchino ancora prima che
tocchiamo terra », (pag. 159-160).

Ma il quadro più efficace tracciato da Ryan è la ricostruzione di uno
degli episodi, che nella loro magica irrealtà diventano poesia,
verificatisi ad Arnhem dove la 1ª divisione aviotrasportata britannica
venne praticamente annientata.

« L'artigliere scelto James Jones ritrovò nella sua borsa l'unico
oggetto di carattere non militare che si fosse portato appresso: il flauto
che suonava da ragazzo. " Mi era venuta la voglia di provarmici
ancora una volta " ricorda. " Erano tre o quattro giorni filati che ci
piovevano addosso bombe di mortaio, ero spaventato da morire. Tirai
fuori il mio flauto e cominciai a suonare ". Vicino a lui, il tenente
James Woods ebbe un'idea. Jones in testa, il tenente Woods e due
artiglieri uscirono dalle loro trincee e cominciarono a marciare
intorno alle postazioni. Mentre camminavano in fila indiana il tenente
Woods cominciò a cantare. Dietro a lui i due soldati si tolsero l'elmetto
e se ne servirono per battervi sopra, con due pezzi di legno,
l'accompagnamento. Tutt'intorno altri uomini, quasi allo stremo delle
forze, udirono a un tratto le note di Britsh Grettadiers e Scottami the
Brave. Dapprima in sordina si unirono anch'essi al canto finche,
quando Woods « cantò a gola spiegata », da tutte le postazioni di
artiglieria si levò un coro improvviso» (pag. 508). Arnhem ha trovato il
suo Omero. "

17. *"L'ultimo signore della guerra"*[17]

" Con la morte di Ciang Kai-scek è scomparso l'ultimo Signore della guerra, un combattente per la libertà contro il comunismo, un protagonista della gigantesca lotta cinese dalla caduta della dinastia Manciù, nel febbraio del 1912, alla fine degli anni quaranta, quando Mao Tse-tung rimase padrone del campo.
Il tramonto del regime imperiale, vecchio di più di duemila anni, lasciava posto alle tenebre delle lotte intestine, alla penetrazione straniera, alla violenza delle rivalità, alla ricerca spasmodica di una soluzione politica. In pratica l'immenso paese era in balia degli appetiti di quanti vedevano nel dissolvimento di un'era, che altro non rappresentava se non il fantasma delle sue origini, l'occasione per accaparrare ricchezza e potere, al solo scopo di dilatare le aree d'influenza e di sfruttamento.
Nel 1920-21 Ch'en Tu-hsiu e Li Ta-chao fondarono il partito comunista cinese e i sovietici fecero pressioni affinché il movimento si affiancasse al Comintern. Obiettivo di Mosca era lo sganciamento della Cina dall'influenza occidentale per farne un immenso satellite. Proprio per portare a termine l'operazione, il Cremlino prese contatti anche con Sun Yat-sen, il padre della rivoluzione cinese, l'uomo che nel 1900 aveva fondato il Kuomintang o partito nazionalista cinese, e anche nel 1911 era stato uno dei principali protagonisti della lotta che aveva determinato la fine del sistema imperiale.
Il negoziatore di Mosca era Adolf Yoffe un abilissimo diplomatico; con Sun raggiunse un accordo che stabiliva che la Russia, da un lato, avrebbe aiutato il Kuomintang finanziandolo e assistendolo, mentre dall'altro Sun impegnava il partito nazionalista a una politica di amicizia nei confronti dell'Urss e a un programma di collaborazione

---

[17] da "L'italiano"- Anno XVI- Aprile- Maggio 1975

con il partito comunista cinese in modo da opporre un « fronte unito ai signori della guerra » e al regime di Pechino.

A seguito dell'accordo nel 1923 cominciarono ad arrivare in Cina i consiglieri sovietici mentre alcuni esponenti del Kuomintang andavano in Russia per studio e addestramento. Tra i primi a recarsi a Mosca fu un aiutante del dottor Sun, Ciang Kai-scek.

***

Mentre la Cina si dibatteva nei tentacoli delle sue secolari contraddizioni e mentre i suoi uomini più rappresentativi cercavano nelle intese con le grandi potenze le indicazioni per nuove soluzioni di vertice, Ciang era in Giappone per compiere studi militari. Frequentò le accademie nipponiche dal 1907 al 1911, proteso a carpire ai vincitori di Tsushima i segreti della loro potenza militare, senza trascurare gli avvenimenti della sua terra, e seguendo con particolare interesse il movimento di Sun Yat-sen. Rientrato in Cina prese parte alla rivoluzione del 1911 e al tentativo di Sun per rovesciare il governo di Yuan Che-K'ai nel 1913.

Il fallimento del colpo di stato organizzato dal Kuomintang costrinse Ciang a tornare in Giappone dove rimase dal 1913 al 1915. In questi anni approfondì la sua preparazione dedicandosi a studi di carattere politico e militare, mantenendo sempre contatti con la madrepatria.

Si era chiusa la prima fase della sua vita pubblica, un periodo estremamente importante, che si sarebbe rivelato fondamentale nel futuro. Ciang meditò a lungo sulla situazione della Cina e le spietate analisi, poste a confronto con la situazione giapponese, rivelarono in tutta la loro agghiacciante realtà l'abisso esistente tra i due paesi sia dal punto di vista della metodologia, sia da quello della operatività. Alcuni studiosi di storia cinese sostengono che probabilmente nello «esilio » nipponico Ciang maturò un complesso sentimento di amore-

odio nei confronti del Giappone, convincendosi, intanto, della necessità di trasformare la Cina in un paese organico, sulla base di una rigida disciplina e di una dottrina morale strettamente legata alle antiche tradizioni culturali e religiose. Erano solo intuizioni, squarci di luce in un contesto di sostanziale pessimismo e di una notevolissima auto-valutazione delle proprie capacità di rappresentare per la Cina una soluzione moderna. Dietro i suoi occhi di ghiaccio, Ciang a fatica nascondeva le immagini create dalla sua ambizione.

La penetrazione occidentale aveva sia pure solo superficialmente, intaccato la fisionomia tradizionale della Cina. Gli interessi contingenti, l'avidità, la cupidigia avevano trasformato il paese in un immenso mercato nel quale quattrocentocinquanta milioni di cinesi cercavano di sopravvivere, mentre poche decine di migliaia di potenti manovravano su un terreno concimato di corruzione che andava proliferando in maniera incontenibile. Di fronte a tutto ciò Ciang si rese conto della necessità, per il popolo cinese, di tornare alle origini, di conquistare, attraverso una dura prova di umiltà e di autodisciplina, una nuova concezione della vita.

Il cancro del paese era rappresentato dal potere locale, avulso da ogni legge morale, sganciato da qualsiasi forma di controllo effettivo. Un qualunque tipo di governo non poteva prescindere, sino a quel momento, dalla realtà rappresentata dalla frantumazione del paese in una miriade di « signorie » locali che si traducevano in una sorta di coincidenze di interessi. Bisognava distruggere questa struttura evitando che le potenze straniere giocassero le loro carte proprio su quel tavolo, per impedire alla Cina di assurgere a nazione.

Dalle sue origini familiari Ciang aveva tratto l'amore per la terra, per il lavoro creativo e non strumentale. Apparteneva ad una famiglia di agricoltori e commercianti ed era nato l'ultimo giorno del mese di ottobre del 1887 a Chekiang. Le teorie di Sun Yat-sen in un certo senso concretizzavano i suoi ideali anche se si limitavano a delineare i *contorni. Ciang al suo ritorno in patria, nel 1915, assunse un atteggiamento prudente: solo nel 1918 si ritenne pronto a riprendere la vita politica. Il tirocinio a Mosca nel 1923 e i contatti con i maggiori esponenti della rivoluzione bolscevica, tra i quali Trotzkij, lo convinsero della necessità di attuare, in Cina, un sistema basato sulla assoluta rigidità del potere.*

La morte di Sun Yat-sen nel 1925 lasciò i nazionalisti senza un capo riconosciuto; la lotta per la successione all'interno del partito mise in forse la coalizione tra comunisti e nazionalisti faticosamente composta negli anni precedenti. Il giovane generale Ciang Kai-scek, sostenuto dagli intellettuali di Canton, ebbe il sopravvento e fu nominato alla guida del Kuomintang. Nel 1927 si ebbe la rottura con i comunisti e da allora, quasi senza interruzione e sino al 1940, Ciang combatté una lotta titanica contro i comunisti e i loro consiglieri russi. In tre anni, dal 1925 al 1928, ottenne ciò che Sun Yat-sen non aveva ottenuto in diciassette. Dopo anni di disordini e di guerre civili la Cina era riunita. Partito dal possesso del bacino dello Yangtse, nel settembre del 1926, egli tolse al maresciallo Wu P'ei-fu il principale centro industriale dello Hupen, Hankou; si impadronì successivamente di Manchino e di Shangai; procedette all'occupazione delle concessioni occidentali e impose il ritiro delle truppe straniere; schiacciò il movimento rivoluzionario comunista di Canton e partì contro il nord, caposaldo dei signori della guerra, conquistando la capitale dello Shantung, e Pechino, costringendo i nordisti a ritirarsi verso la Manciuria. Il 4 ottobre del 1928 venne eletto presidente della repubblica e da quel momento si impegnò nell'opera di ricostruzione, rivelandosi uno statista di livello eccezionale, così come si era dimostrato uno stratega troppo forte per i suoi avversari.

Gli anni di studio nelle accademie giapponesi, l'analisi appassionata delle dottrine militari si erano rivelati preziosi, una fonte inesauribile di suggerimenti, di idee, di coraggio, di freddo opportunismo, di audacia. La sua azione politica e militare rappresentava una ventata di modernismo in un mondo legato a schemi vecchi, alla concezione del numero come simbolo di potenza e dello spazio come rifugio capace di annullare le minacce. Ciang annullò spazio e numero agendo sugli uomini, trasformando i cinesi in soldati, imponendo ad essi l'addestramento giapponese. Gli equilibri di vertice continuò invece ad affrontarli con i metodi tradizionali ma gettando sul tavolo dei negoziati il peso della sua poderosa personalità, il fascino dei suoi successi militari, le argomentazioni sottili legate alla dimensione dellla Cina che stava nascendo, al prestigio che il Kuomintang andava conquistando anche all'estero, dove non si sottovalutava la portata degli avvenimenti susseguiti alla morte di Sun Yat-sen e all'ascesa di Ciang.

Gli stessi comunisti rimasero praticamente tagliati fuori; l'Unione Sovietica comprese che Ciang non era un cinese di vecchio stampo e che il suo piano di trattative poteva essere tutt'al più quello di una intesa a livello di governo, non certo una forma di sottomissione di fatto, della specie di quella accettata da Sun Yat-sen, sia pure in forma tattica. In una specie di gioco ad incastro tipico dei cinesi, Ciang dava corpo alle ombre, realizzava i suoi progetti anche se era lontano dalla costruzione di una nazione nel senso autentico dell'espressione. Per molti suoi alleati egli rappresentava una forza imbattibile, alla quale era più opportuno piegarsi docilmente piuttosto che affrontarla apertamente.

La vocazione per l'intrigo tuttavia era saldamente radicata nel Kuomintang, anche se la personalità di Ciang e soprattutto i suoi successi non ammettevano discussione. Il presidente era un punto di riferimento indispensabile per un paese disarticolato, totalmente privo di un minimo comune multiplo quanto a obiettivi da raggiungere, che non fossero risultati contingenti.

Ciang Kai-scek sapeva comunque di avere molto cammino da percorrere prima di giungere al completamento dei suoi disegni. Al fine di contenere l'infatuazione sconsiderata di molti giovani del Kuomintang nei confronti dell'Occidente, il presidente « si sforzò di restituire alla Cina il senso delle sue antiche tradizioni ». La festa di Confucio venne dichiarata festa nazionale e Ciang lanciò il movimento della « Vita Nuova » che « offriva una sintesi delle tradizioni del passato e degli insegnamenti di Sun Yat-sen ».

Ma l'opera culturale, sociale ed economica venne rallentata dal concretizzarsi di due poderose minacce: quella giapponese e quella comunista. La Cina veniva a trovarsi nella tenaglia di due imperialismi proprio nel momento in cui Ciang aveva necessità di pace per portare avanti la sua politica di innovazioni, una politica che per la struttura stessa del paese, per le vicende del recente passato e l'influenza nefasta delle antiche consuetudini aveva bisogno di tempo, per diventare operante, per invadere una realtà sfuggente, quasi impalpabile, impenetrabile come quella cinese.

I comunisti erano attestati nel Kingsi dove avevano formato un governo di soviet. Dopo anni di lotta Ciang riuscì ad accerchiarli costringendoli a ripiegare verso lo Shensi, a Yenan, in quella che Mao definì la « lunga marcia ». Ma nello stesso periodo, 1935, la penetrazione giapponese dal protettorato del Manciukuo (Manciuria) instaurato nel 1932, divenne aperta aggressione, provocando lotte intestine nel Kuomintang sino ad esplodere in frattura clamorosa quando Wang Ching-wei uno dei maggiori esponenti del partito, si accordò con i nipponici. Le truppe del Tenno dilagarono occupando in rapida sequenza Pechino (29 luglio 1937), Shangai (9 novembre), Manchino (13 novembre), e successivamente Canton (21 ottobre del 1938). Ciang riparò a Chungking da dove organizzò la resistenza contro i giapponesi, giungendo ad una forma di accordo temporaneo con i comunisti. Si trattava, ovviamente, di una intesa basata sulla reciproca diffidenza, una specie di neutralità puramente tattica in attesa di riprendere la lotta. Il problema, infatti, aveva assunto dimensioni che travalicavano la rivalità interna. Unione Sovietica e Stati Uniti erano entrati in scena.

Dopo la sconfitta del Giappone e mentre Ciang era riuscito a far ammettere la Cina fra i « quattro grandi », la guerra civile riprese in dimensioni gigantesche. Il vuoto di potere lasciato dal crollo nipponico **doveva** essere colmato dai comunisti e per questo gli aiuti sovietici a Mao furono imponenti. Gli Stati Uniti, al contrario, abbandonarono Ciang con il pretesto di doversi occupare dell'Europa dove la minaccia sovietica si era fatta preoccupante e dove gli aiuti del piano Marshall fornivano prospettive più redditizie. Nel giugno del 1947 iniziò l'ultima fase della guerra civile conclusasi alla fine del 1949 con la ritirata di Ciang a Formosa, dove instaurò il governo della Cina Nazionalista.

***

La parabola politica era alla sua conclusione. Per un quarto di secolo Ciang Kai-scek ha vissuto nella grande isola circondato di memorie e di ricordi, di speranze e di poche illusioni. Anche se la politica del Kuomintang aveva come base la riconquista della Cina, è dubbio che il generalissimo abbia mai veramente creduto a quelle affermazioni sostanzialmente propagandistiche.

Il suo realismo politico glielo impediva; la costante avanzata del comunismo nell'estremo oriente era una prova troppo schiacciante per potere credere che la marea potesse cambiare rapidamente il suo flusso. Ciang è stata la prima grande vittima della miopia politica dell'Occidente. Poi sarebbe venuta la Corea e più tardi ancora l'Indocina. Ieri la Cambogia, oggi il Vietnam del sud.

Ciang Kai-scek era il passato, imponente, affascinante, terribile nella grandiosità degli eventi nei quali si realizzò. La sua morte *rappresenta una delle ultime pagine di una storia da meditare profondamente in quanto ha proiettato sino ai giorni nostri i suoi influssi.*

Il suo desiderio era di essere sepolto a Nanchino. Nella sua bara sono stati posti alcuni libri: la dottrina del Kuomintang, un volume di antiche poesie cinesi, un'opera su Confucio, la Bibbia.

Forse anche l'anima di una certa Cina ha cessato di vivere con lui."

18. *"Povertà di statura politica"[18]*

" Il lungo, drammatico, estenuante braccio di ferro tra i militari filo-comunisti guidati dal generale Vasco Goncalves e i moderati facenti capo al maggiore Melo Antunes si è concluso, com'è noto, con la sconfitta dei comunisti, ma non con il successo dei firmatari del « documento dei nove ». All'inizio dell'autunno il Portogallo ha visto il sesto governo provvisorio capeggiato dall'ammiraglio Pinheiro de Azevedo costretto ad ordinare l'occupazione da parte dell'esercito delle emittenti radio-televisive al fine di bloccare la diffusione di notizie tendenziose atte a provocare un peggioramento della già grave situazione politica ed economica. Attentati, sparatorie, manifestazioni di gruppi di sinistra, hanno caratterizzato il declino di Goncalves, a conferma del latente pericolo di una guerra civile che i bizantinismi del presidente della repubblica, generale Costa Gomes, non sono riusciti ad allontanare.

Nel processo di sfaldamento della troika, Costa Gomes è riuscito ad emergere come il vincitore. Dopo avere sconfitto l'ex primo ministro, tanto caro al segretario del partito comunista, Alvaro Cunhal, il capo <u>*dello Stato ha ridimensionato*</u> *notevolmente il peso specifico del*

[18] da ""L'italiano- Anno XVI- Ottobre 1975

*generale Otelo Saraiva de Carvalho, il temuto capo del Copcon,
costituendo un altro corpo di polizia alle dirette dipendenze del
presidente. Ma tutto questo se formalmente rappresenta una concreta
manifestazione di volontà al fine di avviare il processo di
normalizzazione, avente quale sbocco teorico il raggiungimento del
sistema parlamentare il ritorno dei militari nel loro alveo istituzionale,
sostanzialmente evidenzia, e in un certo senso radicalizza, lo scontro
politico, denunciando clamorosamente il fallimento della funzione del
Movimento delle Forze Armate e quindi del Consiglio della rivoluzione,
l'organo esecutivo dei militari.*

*Il principio sul quale i militari avevano basato la loro attività, dopo il
colpo di stato che segnò l'allontanamento del generale De Spinola, era
stato ampiamente reclamizzato dai portavoce militari e dai maggiori
esponenti del MFA: i militari non avrebbero costituito alcun partito,
non avrebbero invaso il terreno di manovra tradizionalmente riservato
ai partiti politici.*

*I propositi sono stati travolti dagli avvenimenti che hanno avuto come
protagonista Vasco Goncalves, l'uomo di Mosca. E' superfluo in
questa sede puntualizzare i momenti salienti della crisi estiva
portoghese. Basterà ricordare che mentre Costa Gomes agiva da
mediatore tra le contrastanti posizioni, gli attivisti di Cunhal
sparavano sulla folla dei dimostranti anticomunisti.*

*Il presidente della repubblica che in un certo momento del confronto
pareva soccombente, dopo alcuni giorni di atteggiamento
contraddittorio scaricò Goncalves, uscendo dalla vicenda con l'aureola
del difensore della costituzionalità e della volontà popolare emersa
dalle consultazioni elettorali per l'Assemblea Costituente. I socialisti e
i socialdemocratici sono tornati al governo; i comunisti vi partecipano
con un ministro presente a titolo personale. Il principio della
democrazia è salvo e a tanto si è giunti anche in considerazione della*

imprescindibilità degli aiuti della CEE, indispensabili per raddrizzare una situazione economica ritenuta comatosa dagli esperti.

Dietro la facciata, tuttavia, permangono i contrasti tra i militari, mentre i partiti politici, ad eccezione del PCP, si dimostrano del tutto impreparati ad affrontare i gravi problemi del Paese. I comunisti, come al solito, hanno le idee molto chiare. Quando la stella di Goncalves ha iniziato la sua parabola discendente, Cunhal ha preso cautamente le distanze dall'ex primo ministro dichiarandosi disponibile per un confronto politico con i socialisti proiettati in una soluzione diversa della crisi. Si è riservato, in sostanza, completa libertà di manovra, fedele al principio che i partiti comunisti operanti nell'area dell'Europa occidentale della Nato, hanno come obiettivo primario l'indebolimento del prestigio dello Stato e quello dell'alleanza atlantica nel rispetto della strategia ispirata dall'Unione Sovietica.

In un contesto politico estremamente fluido e difficilmente inquadrabile nei canoni cosiddetti tradizionali, le vicende portoghesi rivelano in maniera addirittura sconvolgente la profonda crisi di idee dominante l'Europa. In una rincorsa frenetica, convulsa, scomposta, persino grottesca sotto certi aspetti, i gruppi di potere emersi in Portogallo all'indomani del colpo di Stato, denunciano la loro povertà di statura politica, si perdono in conflitti di retroguardia, ansimano nell'inseguire « modelli di sviluppo » fallimentari e per di più drasticamente corretti dagli stessi ideatori. Costa Gomes è alla ricerca disperata di aiuti, mentre a Lisbona la tensione non accenna ad attenuarsi. Dichiarazioni demagogiche, compromessi squalificanti, contraddizioni clamorose formano il gorgo nel quale si dibatte, come in una agonia senza fine, un Paese che pure avrebbe la possibilità di rappresentare un punto di riferimento positivo per i fautori del processo democratico.

Vi è il sospetto che dietro al paravento della difesa della rivoluzione, della libertà e della democrazia pluralistica (la precisazione è d'obbligo dal momento che i PCP in più di una occasione ha fatto riferimento alla democrazia popolare) vi siano altri obiettivi, non ultimo quello della formazione di un governo militare di tipo sudamericano, o addirittura di tipo cubano. Ipotesi, d'accordo, forse tra quelle meno corpose, ma accreditate dall'immobilismo sapientemente alimentato dai militari che attualmente detengono il potere, dalla disponibilità addirittura sconcertante del partito socialista, incapace di uscire dalla contraddizione di fondo della sua ideologia a mezzadria tra l'attrazione prepotente dei vantaggi offerti dall'appartenenza al mondo occidentale e la vocazione al fronte popolare.

Il pericolo più concreto è quello del riaffiorare della soluzione caldeggiata a suo tempo da Goncalves. Non in forma così virulenta come nel corso della passata estate, ma graduale, sostanziale, strisciante se si vuole, al fine di evitare il ripetersi di « un incidente sul lavoro », come in Russia si commentò il fallimento di Goncalves

Un altro elemento che induce a considerare come estremamente instabile la situazione politica a Lisbona è l'insignificante risalto dato dalle fonti ufficiali ai lavori dell'Assemblea Costituente. Con crudo realismo si potrebbe affermare che si tratta di una finta Assemblea, eletta con lo scopo di gettare una cortina fumogena davanti agli occhi della opinione pubblica internazionale. Quello che stupisce negli eventi portoghesi è la mancanza di logica e di stile.

Le ripercussioni in campo europeo e Nato sono di notevole rilevanza. L'alleanza atlantica, già incrinata dalla nota vicenda cipriota e dai contrasti esistenti tra Grecia e Turchia, vede ora il suo fianco occidentale estremamente indebolito. Anche se il presidente Costa Gomes ha reiteratamente dichiarato che il Portogallo è nella Nato e resterà, non si può non osservare che l'instabilità politica del governo portoghese e le ipoteche comuniste rendono precaria l'associazione di Lisbona alla Nato, snaturandone l'ispirazione e le finalità.

Nel gioco degli equilibri mondiali e non certo per volontà occidentale, si è giunti al punto che una crisi anche meno esplosiva di quella portoghese può incidere o al limite sovvertire lo status quo che, in ultima analisi, è diventata una espressione senza alcun significato pratico.

Non per sottovalutare le obiettive difficoltà dei portoghesi e nemmeno per le dimensioni politiche ed economiche, ma ci pare che la componente internazionale, abbia il netto sopravvento nei confronti di quella interna. La natura stessa dei protagonisti della crisi accredita questa tesi. L'esercito è stato sconfitto nella guerriglia nelle province d'oltremare e ora intende avere una rivalsa; i partiti non possono nascondere di avere avuto un ruolo di secondaria importanza nel colpo di Stato e, quindi, non sono in grado di presentare una parcella e di pretenderne la copertura. Ecco perciò i comunisti rappresentare l'unica forza dirompente in un contesto disarticolato, nel quale l'intrigo si è rivelato il canovaccio di maggior successo.

Il processo di decolonizzazione ha fatto registrare la guerra civile in Angola e i massacri tra guerriglieri a Timor. Un epilogo in tutto degno degli attori attualmente sulla scena a Lisbona.

Alcuni osservatori hanno attribuito l'andamento degli avvenimenti portoghesi alla natura della società, involuta, sostanzialmente conservatrice e caratterizzata da una assoluta mancanza di respiro culturale. Si tratta, a nostro modesto avviso, di una spiegazione superficiale e semplicistica. Senza dubbio, il risultato contingente ha dominato molte delle azioni dei maggiori protagonisti della crisi e ne ha condizionato l'orizzonte. Ma al fondo dei fatti vi è, probabilmente, la preoccupazione di non essere puntuali con le offerte di quanti sono disposti a dare un prezzo apparentemente soddisfacente alle conversioni. In tutto questo l'autentico tessuto connettivo del Paese e la sua civiltà sono assenti, sommersi da una marea di pressapochismo e di cupidigia."

19. *"Quindici punti per una strategia"*[19]

"I recenti avvenimenti internazionali, particolarmente quelli indocinesi, portoghesi e italiani, hanno riportato in primo piano un problema che la propaganda sovietica e quella degli agenti di Mosca installati nei paesi dell'Europa occidentale erano riusciti, con l'impiego di mezzi giganteschi, a celare dietro una impenetrabile cortina fumogena. Ci riferiamo al progetto russo relativo alla conquista dell'Europa occidentale.

Il giornale domenicale tedesco federale « Welt am sonntag » ha pubblicato il riassunto di uno studio compiuto da un istituto «autorevole » di cui non cita né il nome né la nazionalità. Il documento, rivela il settimanale, giace sulle scrivanie di parecchi uomini politici europei di primo piano. Secondo quanto scritto dal giornale citato, Tito ne accennò a Brandt alcune settimane or sono. Le sue conclusioni furono le seguenti: « Entro dieci anni l'Europa sarà socialista ».

Il Cremlino ha elaborato una strategia basata in quindici punti da realizzare, che sono così riportati da « Welt am sonntag »:

1) Il Cremlino è contrario alla guerra come mezzo per estendere il comunismo all'Europa. E questo per quattro motivi: a) una guerra nucleare potrebbe causare gravi perdite anche all'Urss; b) un'azione militare in Europa non sarebbe localizzabile; c) non ci sarebbe da fare affidamento sulla lealtà di alcuni satelliti; d) l'Unione Sovietica ha preso atto, quale prima dittatura, che le democrazie perdono le battaglie, ma vincono le guerre.

2) Il Cremlino si è deciso per una forma di lotta politica che si serve anche di mezzi economici, psicologici e culturali.

---

[19] da "L'italiano"- Anno XVI- Settembre 1975

3) Il Cremlino alternerà profferte di pace a minacce di guerra. La sua supremazia militare dovrà uscire rafforzata dall'attuale offensiva di distensione (conferenza sulla sicurezza in Europa, eccetera). L'Urss è persuasa che i popoli europei accetteranno un regime comunista piuttosto che correre il rischio di una guerra nucleare.

4) Il Cremlino dà priorità alla pacifica conquista dell'Europa rispetto al problema cinese. Cercherà entro breve, alla morte di Mao, un arrangiamento con i successori. Considera la vittoria del Vietnam del nord come una propria vittoria. Punta quindi a completare la cintura di sicurezza anti-cinese sul fianco meridionale con l'appoggio di Hanoi.

5) Il Cremlino pensa di arrivare a gettare teste di ponte anche in Sud-America. Cuba si è rivelata inadatta allo scopo. A questo fine seguirà una nuova massiccia offensiva propagandistica contro il Cile per stornare l'attenzione da quanto accadrà in Perù, il primo paese candidato a fungere da testa di ponte.

6) Il Cremlino non vuole una nuova guerra in Medio Oriente fra arabi ed israeliani, ma non vuole nemmeno la pace. Se la guerra dovesse scoppiare, il momento adatto viene giudicato quando Arabia Saudita e Iran saranno impegnate con problemi interni, problemi che potrebbero generare l'esplodere di movimenti di guerriglia.

7) Il Cremlino appoggia la tattica dei fronti popolari in Europa. Gli sviluppi in Portogallo vengono definiti un « incidente sul lavoro », perché i comunisti di Cunhal hanno scoperto troppo presto le loro carte. Il maggior pericolo è rappresentato, agli occhi di Mosca, dalla eventuale formazione di alleanze comprendenti i partiti moderati e anticomunisti. E' necessario allora appoggiare indirettamente le forze più reazionarie nello schieramento conservatore e quelle più radicali fra i socialisti.

8) Il Cremlino considera seriamente le pretese di autonomia dei partiti comunisti dell'Europa occidentale, in particolare di quelli italiano e francese. E' tuttavia convinto di riuscire a riprendere in mano la situazione dopo l'arrivo al potere dei comunisti in questi due paesi: prima con l'espulsione dei social-democratici dai governi di fronte popolare, poi con accentuate pressioni per mettere i « ribelli » al passo dal punto di vista ideologico e strategico.

9) Il Cremlino è preoccupato per la potenza dei sindacati europei. E' solo da questi che potrebbero venire resistenze ai suoi programmi. Ritiene necessario formare al loro interno gruppi filosovietici di osservanza totale.

10) Il Cremlino vede con occhio favorevole l'ondata di terrorismo nell'Europa occidentale. Il desiderio di « legge e ordine » si accentua con il crescere degli attentati. Sino al momento in cui le popolazioni preferiranno l'ordine e la sicurezza di marca comunista al disordine e al terrore delle democrazie.

11) Il Cremlino si attende favorevoli ripercussioni da un arrivo dei comunisti al governo in Italia, non importa se soli o insieme con altri partiti: confusione ideologica, indebolimento della Nato, rafforzamento della propria egemonia sui satelliti.

12) Il Cremlino non vuole un confronto con gli Stati Uniti d'America. Si deve tuttavia far di tutto per evitare che il prossimo anno venga eletto alla Casa Bianca il senatore democratico Henry Jackson.

13) Il Cremlino è preoccupato meno per le proprie difficoltà economiche che per quelle dei satelliti. Sa che questi sono sempre disponibili per venire in aiuto. Alcuni mesi fa hanno accettato senza battere ciglio l'aumento del cento per cento del petrolio di provenienza sovietica. L'Urss punta piuttosto su un avvicinamento alla CEE.

14) Il Cremlino attribuisce un ruolo notevole agli intellettuali, che consapevolmente o no simpatizzano per le sinistre. Pensa di accattivarseli appoggiando, nella prima fase della « rivoluzione a rate », tutte le minoranze. Inoltre deve esser sempre tenuto desto il fantasma del fascismo e si deve insistere nella propaganda contro la CIA. E' già stato dimostrato che la CIA ha stanziato otto milioni di dollari per il Cile. Non si ricorda che solo la Germania est ne ha devoluto dodici per sostenere il fronte popolare.

15) Il Cremlino ritiene che suonerà presto l'ora della Spagna. Senza tuttavia ripetere gli errori del Portogallo.

La politica del cloroformio e del trasformismo sono dunque le ispiratrici della strategia sovietica. E' una strada che ha dato risultati senza dubbio sensazionali. L'Unione Sovietica adatta la sua tattica agli avversari con una elasticità ormai automatica. Troppo spesso i governi dell'Europa occidentale dimenticano che al di là dell'Elba vi è un'Armata sovietica forte di poco meno di mezzo milione di uomini altamente selezionati e dotati di armamento modernissimo, in grado di raggiungere Calais in poco meno di sei giorni.

Questa punta di lancia dell'Armata rossa rappresenta quanto di meglio attualmente l'Unione Sovietica abbia in campo militare. Missili tattici, migliaia di carri armati, artiglieria semovente e da campagna, missili controcarro e antiaerei, reparti di pontieri, paracadutisti, pionieri, commandos, unità radio e radar, settori di intercettazione e di disturbo radio, unità mobili in grado di operare autonomamente per lunghi periodi, formano il fulcro di questa grande unità dove la percentuale di ufficiali supera nettamente quella dei subalterni e dove i sottoufficiali formano la base della truppa. In altre parole è un'Armata di specialisti, continuamente sottoposta a esercitazioni e a rinnovamento per mantenere il livello medio di età adatto agli scopi strategici affidati.

Il documento pubblicato in Germania, secondo alcune fonti su iniziativa del governo di Bonn, è una conferma di quanto da anni vanno sostenendo quelle forze politiche e quei settori militari meno sensibili al processo di disgregazione in atto nell'Europa occidentale. E' superfluo in questa sede delineare verso quali pericoli sia diretta la «sicurezza» degli europei. La logica sovietica non ha subito alcuna revisione se non nel senso delle più redditizie scelte per affrettare il conseguimento del risultato finale.

Non è nemmeno il caso di affrontare l'argomento della legittimità dell'operazione elaborata dai sovietici. Dal 1945 il Cremlino ha portato avanti il suo programma di espansione senza alcuna sosta e senza dovere registrare insuccessi. Il vuoto di potere lasciato dalla Gran Bretagna nell'Oceano Indiano e nel Mediterraneo è stato colmato con rapidità da Mosca.

Francamente stupisce che i paesi europei non abbiano considerato che unitamente agli Stati Uniti posseggono oltre due terzi del potenziale tecnologico della terra e che tale potenziale usato adeguatamente potrebbe rappresentare il mezzo per creare un'arma politica di sicuro successo nell'azione di contenimento prima e di contrattacco nei confronti della penetrazione comunista. Stupisce inoltre che il linguaggio degli uomini politici investiti di responsabilità di governo rimanga immutabile, non subisca le necessarie trasformazioni, e non si adegui al diverso tema proposto dalla realtà in rapida evoluzione sotto la pressione della propaganda comunista, alimentata e foraggiata dall'Unione Sovietica attraverso i canali ben noti. "

20. *"Vietnam: una tragedia americana"*[20]

"Quando, con il Collega Enzo Iacopino, ho intervistato il primo Consigliere dell'Ambasciata del Vietnam del Sud, Signor Le Dinh Hy, Saigon era capitolata da meno di dodici ore. Si è trattato di una conversazione dominata da una atmosfera irreale: davanti a noi era il rappresentante di un governo ormai cancellato dalla faccia della terra. Il Signor Hy ha dovuto dominare la tensione in certe fasi dell'intervista

---

[20] da "L'italiano"- Anno XVI- Giugno- Luglio 1975

, quando le domande toccavano argomenti che implicavano una sua presa di posizione sia pure indiretta, di fronte al recente passato, allo atteggiamento degli americani e quando gli abbiamo chiesto quali fossero i suoi progetti.

Il signor Hy è stato un alto ufficiale dell'esercito sud-vietnamita prima di intraprendere la carriera diplomatica. Quando l'offensiva nord-vietnamita assunse dimensioni imponenti e si avvertirono le prime avvisaglie del crollo sugli altipiani centrali, chiese di potere rientrare in Patria per combattere. Il presidente Van Thieu gli ordinò di rimanere a Roma dove la sua attività era ritenuta indispensabile. Proprio per la considerazione nella quale il signor Hy era ed è tenuto nel suo paese le sue dichiarazioni assumono una importanza, oseremmo dire, storica. Si tratta in ogni caso di dichiarazioni che pur nel rispetto dell'etica della diplomazia assumono la veste dell'unico commento ufficiale pubblicato da ex funzionari della Repubblica del Vietnam, in merito agli eventi culminati con la resa del « grosso Minh » ai comunisti.

Le Dinh Hy ha così risposto alla nostra domanda sulle ragioni del precipitare degli avvenimenti: « Sono stati molti i fattori a determinare la caduta del Vietnam del Sud. Noi abbiamo firmato gli accordi di Parigi del 1973 perchè volevamo la pace. Nel discorso pronunciato da Van Thieu prima di rassegnare le dimissioni, il presidente ha dichiarato che l'accordo elaborato da Kissinger e Le Due Tho doveva essere modificato; il presidente Van Thieu non voleva accettarlo. Dopo numerose discussioni si è giunti all'accettazione e alla firma del documento. L'aspetto principale era che i nord-vietnamiti presenti nel sud dovessero lasciare il paese. Voi comprendete che con la presenza delle truppe di Hanoi nel Sud Vietnam non vi potevano essere garanzie. « Nel suo ultimo discorso Van Thieu ha rivelato che aveva ricevuto precise assicurazioni che se vi fosse stato un attacco comunista gli Stati Uniti avrebbero fornito un forte aiuto militare. A Washington un ministro dell'amministrazione Nixon ha reso pubblico il testo di una lettera della Casa Bianca in tal senso. La presenza militare nord-vietnamita era una minaccia alla pace perchè l'esercito di Hanoi, armato con armi modernissime, non avrebbe avuto difficoltà a conquistare il sud, qualora i sud-vietnamiti non fossero stati adeguatamente aiutati. E i fatti hanno dimostrato che Van Thieu aveva ragione. In due mesi i comunisti hanno conquistato il sud ».

Abbiamo chiesto al signor Hy il punto di vista del governo del presidente Van Thieu circa l'atteggiamento del Congresso statunitense e il diplomatico, misurando le parole, ci ha così risposto: « Circa l'atteggiamento del Congresso, a mio avviso, vi sono delle spiegazioni di diversa natura. Prima di tutto l'opinione pubblica americana, in generale, non desiderava che l'impegno nel Vietnam continuasse; il Congresso probabilmente ha ritenuto che anche con l'invio di aiuti militari prima o poi il Sud Vietnam sarebbe caduto. Non valeva pertanto la pena di prolungare una situazione destinata a crollare. Questo lo hanno pensato gli americani e lo hanno dichiarato apertamente. Noi, naturalmente, non eravamo d'accordo. La maggioranza dei congressisti è formata da democratici e questi politici sono preoccupati per le elezioni del 1976. Il Congresso ha adottato in pratica una politica di attesa in questi termini: se il Sud Vietnam saprà difendersi, è probabile che il Congresso cambi idea circa gli aiuti; ma le questioni elettorali e l'atteggiamento dei democratici, ostili agli aiuti, hanno predominato, determinando la scelta definitiva della politica americana. Inoltre in certi ambienti statunitensi si è valutata anche la questione economica. Si è detto in sostanza che se l'impegno nel Vietnam si fosse prolungato, avrebbe potuto avere ripercussioni negative nel settore economico del paese ».

Il diplomatico sud-vietnamita, in sostanza aveva eluso la domanda. La sua riservatezza, tutto sommato, poteva essere giustificata dal momento che i recenti avvenimenti hanno chiarito senza ombra di dubbio gli autentici obiettivi degli americani e i retroscena della caduta del Sud Vietnam. Più oltre, tuttavia, il signor Hy avrebbe chiarito meglio il suo pensiero in proposito.

Per completare il quadro internazionale della vicenda indocinese chiedemmo al nostro interlocutore di delineare il ruolo dell'Unione Sovietica e della Cina. Il Consigliere diplomatico ha dichiarato: « Per quanto riguarda il ruolo della Russia e della Cina nei confronti della questione vi è da dire che tutto l'armamento pesante in dotazione all'esercito di Hanoi è stato fornito da Mosca. In considerazione di ciò i sovietici vogliono esercitare una notevole influenza sul Nord Vietnam.

*La Cina vuole il Sud Vietnam al di fuori dell'influenza americana.
Poiché le truppe nord-vietnamite che hanno combattuto nel sud sia
prima sia dopo gli accordi di Parigi sono molto forti, gli sviluppi della
situazione dipendono esclusivamente dall'atteggiamento che assumerà
Hanoi.*

*Ora lai Cina e la Russia si contendono la fiducia del Vietnam del
Nord per poi favorire la riunificazione del paese. Pechino per avere
una influenza nella regione auspica, per ora, un Vietnam del Sud libero
e neutrale. Per forzare la situazione ha recentemente occupato le
Paracel, un gruppo di isole strategiche. La questione politica dell'immediato futuro è legata a questo quesito: il Sud Vietnam resterà sotto il
controllo del GRP per breve o per lungo tempo? Vi è da rilevare che
madame Binh, ministro degli esteri del GRP ha dichiarato che la
riunificazione trai nord e sud si dovrà realizzare tappa per tappa; ciò
significa che gli stessi viet-cong riconoscono che tra sud e nord vi sono
differenze. Una domanda si impone ora: quando avranno luogo le
elezioni? Tutto dipende dalla volontà di Hanoi ».*

*Abbiamo fatto notare al signor Hy che la sconfitta militare sud-
vietnamita sugli altipiani centrali e la successiva ritirata senza
combattere aveva suscitato molte perplessità. Inoltre, le critiche a Van
Thieu, particolarmente quelle di Cao Ky, avevano avallato in certo
qual modo le tesi del Congresso americano. Il diplomatico ha così
risposto alla nostra domanda: « In merito alle critiche di Cao Ky vi è
da dire che il generale ha fatto certe dichiarazioni perché era un
avversario di Van Thieu. Il presidente prevedendo che non avrebbe ricevuto aiuti, ha deciso di ridurre l'area di difesa. Dal punto di vista
degli osservatori stranieri si potrà affermare: perchè Saigon ha abbandonato molte province senza combattere? Ma questo non ha alcun
valore di fronte alla effettiva situazione che esisteva. Perché difendere
le province settentrionali, quando la minaccia poteva essere diretta
contro Saigon? Non posso affermare con certezza che questo sia stato
il movente, ma è certo che una volta caduta Saigon non avrebbe avuto
significato alcuno la difesa delle province settentrionali. Tutto era
legato alla questione degli aiuti. Van Thieu in considerazione della
poderosa offensiva comunista e della inferiorità del potenziale bellico
sud-vietnamita, aveva deciso di costituire una linea di difesa a circa*

settanta chilometri da Saigon in attesa degli aiuti americani. Non credo che Van Thieu abbia commesso un errore dal punto di vista militare. Egli sapeva qualcosa che gli altri non sapevano. Vi è da dire, inoltre, che quando si muove l'esercito, e io lo posso affermare perché sonno stato ufficiale, si spostano anche le famiglie e quindi è molto facile, nel corso di una ritirata, che si creino situazioni di caos e di panico. E' stato detto che le truppe sud-vietnamite non si sono battute. Vi è da dire che i soldati hanno combattuto e molti sono morti pur sapendo che alle loro spalle non vi era più nulla e che gli aiuti non sarebbero arrivati ».

Circa la situazione interna sud-vietnamita il signor Hy ha osservato quanto segue: « Tutto dipende dall'atteggiamento che assumeranno i comunisti. Il popolo sud-vietnamita ha paura del comunismo ed è per questo che vi sono stati profughi in così gran numero. Si ha paura di vendette e di repressioni. Se i comunisti realizzeranno la vera democrazia nel rispetto della libertà e della pluralità dei partiti e non si abbandoneranno a rappresaglie, allora non vi saranno resistenze: se al contrario i comunisti imporranno la tirannia, allora non vi sarà dubbio che il popolo non subirà passivamente. Se i comunisti conti-nueranno nella politica sino ad ora attuata e cioè nelle repressioni, prima o poi i sud-vietnamiti organizzeranno movimenti di resistenza al comunismo. Vi è da ricordare che per moltissimi anni i sud-vietnamiti hanno vissuto in un regime democratico e quindi non potranno accettare una dittatura. Poiché tutto il mondo ha gli occhi puntati sul Sud Vietnam speriamo che i comunisti si astengano da altri episodi di violenza. La nostra è solo una speranza. »

La vittoria militare nord-vietnamita rappresenta una minaccia anche per il Laos e la Thailandia. Si profila, in altre parole un imperialismo di Hanoi con l'obiettivo di assoggettare l'intera Indocina. Il signor Hy a questo proposito ha dichiarato: « Per due o tre anni, ritengo, non vi sarà guerra in Indocina. Continuerà la guerriglia nel Laos e in Thailandia. Poi... gli sforzi dei comunisti sono per ora dedicati allo sviluppo del paese. Ritengo che per almeno cinque anni opereranno in tale senso. Le risorse del nord e del sud del paese consentono uno sviluppo economico notevolissimo. Tra pochi anni il Vietnam sarà in condizioni di estrarre petrolio e di diventare una potenza economica di prima grandezza, in grado di esportare materie *prime in tutto il mondo ».*

Con questo il signor Hy ha toccato uno dei punti fondamentali dell'intera questione indocinese: quella petrolifera. Inoltre vi è da sottolineare che il controllo della penisola è essenziale per qualunque potenza voglia dilatare la sua influenza nello scacchiere estremo-orientale.

La successiva domanda è stata la seguente: « Il GRP consentirà la attività politica ad altri partiti? » Risposta: « Consentirà soltanto la libertà di religione perché le confessioni religiose sono determinanti per il Sud Vietnam. Vi sono buddisti, cattolici, Kao Dai e Hoa Hao. Le religioni formano la forza popolare del paese ».

Era necessario inquadrare meglio la posizione di Hanoi nei confronti delle due superpotenze comuniste e il Signor Hy ha così proseguito: « La Cina ha fornito al Nord Vietnam aiuti militari consistenti in armamenti leggeri; come ho già detto l'armamento pesante è stato fornito dalla Unione Sovietica e senza questi aiuti non sarebbe stato possibile ai comunisti di invadere il sud. Ora Hanoi cercherà di mantenere una posizione di equilibrio tra le due superpotenze comuniste. Pechino, che ha fornito dal punto di vista militare l'aiuto meno importante, si trova tuttavia ai confini con il Vietnam del Nord; vi è da considerare che tutti i rifornimenti pesanti provenienti dall'Unione Sovietica passano per la maggior parte per la Cina. Hanoi deve quindi mantenere buone relazioni con i due paesi, per avere aiuti da entrambi».

« Non è stata affrettata la decisione di Minh di capitolare? » abbiamo chiesto. Dopo un attimo di riflessione il signor Hy, che forse aveva intuito il fine ultimo di quella domanda, ha replicato: « La decisione dal punto di vista militare è stata ineccepibile dal momento che una battaglia per difendere Saigon non avrebbe avuto significato politico e avrebbe causato vittime e danni inutili ».

« Non crede, abbiamo insistito, che alla base della decisione del «grosso Minh » vi sia stato un accordo tra Washington, Mosca, Pechino e Hanoi? » « Dal punto di vista strettamente politico non posso dire se esista un accordo. E difficile a dirsi ».

« Ma prima delle dimissioni di Van Thieu, vi era accordo tra le superpotenze? » « Non lo posso dire. Se io dicessi così... sosterrei di

conoscere le intenzioni degli americani e questo non lo posso dire ».

L'intervista rischiava di finire nelle sabbie mobili del silenzio. Il signor Hy non intendeva approfondire l'argomento scottante, anche se aveva lasciato intuire molte cose. Ritenemmo opportuno cambiare argomento, sia pure a malincuore. *« Cosa pensa come sud-vietnamita e non come diplomatico, della situazione del suo paese? »*

« Sono molto contento di vedere che la pace torna nel mio paese, ma con una riserva e cioè che nel futuro prossimo o lontano nel Sud Vietnam si instauri un sistema democratico, veramente democratico, senza repressioni, senza paura, senza miseria, in modo che tutto il popolo possa lavorare per la sua nazione. Noi siamo fieri del nostro paese e speriamo che nel prossimo futuro esso possa avere un ruolo nel sudest asiatico e nel mondo intero. Ma la pace dovrà rispettare la spiritualità degli uomini ».

La tentazione di ritornare sull'argomento centrale dell'intera vicenda ci suggerì di ritentare con la seguente domanda: *« Chi ha commesso le maggiori violazioni dell'accordo di Parigi? »* Senza esitare il signor Hy ha risposto: *« In sostanza tutte e due le parti. Dal punto di vista militare solo Hanoi. Da quello politico tutte e due, cioè, anche il Sud Vietnam. E mi spiego: quando noi proponevamo qualcosa i comunisti la rifiutavano e viceversa. E questo perché non esisteva una fiducia reciproca. Per quanto riguarda Washington la responsabilità degli americani consiste nel non avere fatto pressioni per giungere ad un effettivo accordo. Quello che proponevano i comunisti era inaccettabile perché pretendevano il rovesciamento del governo. Chiedevano la formazione di una commissione con la partecipazione della « terza forza » di Minh; noi sostenevamo che non esisteva una « terza forza » perché era di fatto alleata con i comunisti. Hanoi non ha mai avuto la volontà di fare la pace. Il Vietnam del Nord voleva la pace solo dopo avere unificato il paese cioè conquistato il sud. I comunisti nord vietnamiti hanno voluto rispettare la volontà di Ho Chi Minh, il quale ha sempre perseguito l'obiettivo della riunificazione sotto il controllo di Hanoi. Per raggiungere lo scopo vi erano solo due soluzioni: la via militare e quella politica. Quella militare non era possibile perché vi era la presenza degli americani. Per neutralizzarla i comunisti hanno firmato gli accordi di Parigi e così gli americani se ne sono andati.*

Van Thieu, che sapeva quali erano gli autentici obiettivi dei comunisti, si oppose sino all'ultimo e il presidente firmò soltanto quando ebbe la garanzia che in caso di un attacco comunista, gli americani avrebbero aiutato il Sud Vietnam. Senza l'aiuto americano ogni difesa sarebbe stata impossibile, come si è verificato ».«Allora l'America ha tradito? » « Non vi è dubbio, che dal punto di vista sud-vietnamita, per quanto attiene il confronto con i comunisti, l'America ha abbandonato il Sud Vietnam. Quando il Nord Vietnam ha attaccato, i sud-vietnamiti si sono difesi nella certezza che gli aiuti americani sarebbero giunti, ma presto si è visto che questi aiuti non sarebbero giunti. »

« Quindi l'America ha tradito. »

« L'America ci ha abbandonati. Il popolo sud-vietnamita non vuole vivere come impongono i comunisti e in questo senso l'America ha tradito. Il popolo ha paura del comunismo. Quando gli americani hanno abbandonato il Sud Vietnam, la popolazione si è sentita perduta; è stato un gravissimo colpo, anche sotto il profilo psicologico. La popolazione ricorda i massacri compiuti dai comunisti negli anni di guerra; per questo, quando sono arrivati i comunisti, ha pensato solo alla pace e ora sta cercando di dimenticare gli orrori della guerra.

« Il nostro è un popolo di gente buona, ha proseguito il signor Hy, non vendicativa, che sa dimenticare. Se in altri paesi gli americani si fossero comportati come nel Sud Vietnam, sarebbero stati presi come ostaggi. Questo perché con il loro atteggiamento ci hanno lasciato morire. Ma i sud-vietnamiti hanno una loro filosofia di vita... ».

« Pensa che vi sia stato un accordo segreto tra le grandi potenze per l'Indocina? » « E' probabile se si considerano alcune cose. La Russia non vuole che la Cina aumenti la sua influenza nel sud-est asiatico. La Cina non vuole che il Vietnam del Nord diventi un paese sotto l'influenza sovietica. Mosca vuole il controllo dell'Indocina per isolare Pechino. Allora Mosca parla con gli americani e dice: « O.K. ti lascio il Medio Oriente in cambio dell'Asia ». E' un'ipotesi. Il tutto ovviamente contro la Cina. Nei giorni del crollo di Xuan Loc, due emissari sovietici andarono a Tel Aviv e dichiararono ufficialmente di rispettare l'indipendenza di Israele e di riconoscerne l'esistenza come Stato sovrano. In considerazione di questo l'America ha detto che le basi nell'Indocina non le erano più necessarie e quindi ha

abbandonato la Cambogia e il Sud Vietnam. Ripeto che è una ipotesi ».
L'ipotesi del signor Hy si è puntualmente dimostrata esatta. Con
questa risposta si è conclusa l'intervista.
Poche ore dopo una fonte vaticana ci rivelava un retroscena
drammatico della vicenda indocinese, confermando le ipotesi che molti
anni fa erano state avanzate, circa l'assassinio del presidente Ngo-
Dinh Diem. Il capo dello stato sud-vietnamita era sul punto di conclu-
dere un accordo con Ho Chi Minh. Le trattative sarebbero state
condotte a Bruxelles. Il mediatore tra le due parti per giungere ad un
negoziato era stato un nipote di Diem, che studiava allora in un se-
minario di Roma. Ora è vescovo nel Sud Vietnam, pare a Dalat. Per
evitare un accordo tra i due Vietnam, Diem venne assassinato. Questa
affermazione si fa risalire al fratello del presidente ucciso, l'Arcive-
scovo Ngo Dinh Thuc."

21. *"Medio- Oriente, Urss e Occidente"*[21]

"L'accordo ad interim raggiunto nel Medio Oriente da Egiziani e
Israeliani con la mediazione americana rappresenta innanzitutto una
sconfitta dell' Unione Sovietica attualmente attestata, nello scacchiere,
sulle sole posizioni siriane. Il presidente Sadat, con l'abilità politica
che lo contraddistingue, ha saputo trovare, almeno sino a questo
momento, l'opportuna collocazione tattica nel ginepraio mediorientale.
Preoccupato per la piega assunta dalla situazione interna egiziana,
deciso a non fornire ai sovietici la possibilità di fare leva sui suoi
oppositori per far precipitare nuovamente la situazione,
sostanzialmente sordo alle minacce dei palestinesi i quali
reiteratamente hanno dichiarato di voler sabotare l'accordo con azioni
terroristiche, il capo dello stato egiziano senza minimamente
rinunciare alle sue posizioni di principio e ai cardini della sua politica
generale, ha scelto la strada del buon senso senza sottovalutare i
pericoli insiti nel contesto della regione, pericoli tuttora in grado di

---

[21] da "L'italiano"- Anno XVI – Novembre 1975

determinare nei tempi brevi una nuova crisi.
Militarmente l'Egitto è il solo paese arabo che in qualche misura possa
impensierire Israele. La difesa aerea egiziana è considerata dai tecnici
molto più potente di quella a suo tempo allestita dai nord-vietnamiti: l'
Air Defence Command è forte di settantacinquemila uomini ed è dotato
di missili a medio raggio SA-2 Guideline (40-50 Km. di raggio) o SA-3
Goa (25-30 Km.), di cannoni da 57 mm., 85 mm., semoventi da 23 mm.
e 37 mm. Alcuni battaglioni sono armati di ZSU-23-4 che montano
quattro mitragliere da 23 mm., con una capacità di fuoco di circa 1.000
colpi al minuto per canna. La difesa è integrata dagli squadroni di
MIG-21-MF e, secondo alcune fonti, dai modernissimi MIG-23. Il tutto
diretto dai centri di scoperta radar collegati agli elaboratori elettronici
per il puntamento e la selezione dei bersagli.

Il sistema gravita nella zona del Canale, quindi come già precisato, è
un sofisticato mezzo di difesa. A meno di un ripensamento del
presidente egiziano o del sorgere di fatti nuovi per ora difficilmente
individuabili anche in sede di semplice ipotesi, l'Egitto non ha in
programma un nuovo confronto con Israele e Gerusalemme non ha
alcun interesse a che Sadat non debba dedicare la maggior parte dei
suoi sforzi politici alla gravissima situazione interna egiziana.
L'epicentro del focolaio
mediorientale si è dunque spostato di cento ottanta gradi circa, sulle
alture del Golan e alle frontiere israelo-libanesi. In attesa che gli
americani decidano le modalità per l'invio dei tecnici nel Sinai al fine
di assicurare l'effettiva applicazione dell'accordo per quanto si
riferisce al controllo elettronico della zona cuscinetto e al rispetto della
« non belligeranza » raggiunta di fatto, il Dipartimento di Stato sta
elaborando la strategia da adottare per avviare in maniera concreta
trattative con Assad, il presidente siriano, molto legato all'Unione
Sovietica e strenuo difensore dei palestinesi. A complicare le cose è so-
praggiunta la sanguinosa guerra civile libanese sorta ufficialmente dal
contrasto tra i cristiano-maroniti e i musulmani di sinistra, ma in realtà
generata da una situazione caratterizzata dal confronto tra i
guerriglieri palestinesi e quella parte di libanesi intenzionati a non
consentire che il Paese diventi la nuova prima linea di Arafat,
Habbasch e compagni contro Israele.

E' quasi impossibile, in questo momento, tentare di individuare in quale direzione evolverà la crisi libanese, se cioè l'esercito interverrà oppure se prevarrà il buon senso, oppure ancora se il conflitto subirà un inasprimento. La unica considerazione attualmente possibile a nostro giudizio è, la seguente: è probabile che alle origini della crisi libanese vi sia la volontà dei cristiano-maroniti di ottenere l'allontanamento dei fedayn, una specie di seconda edizione del « settembre nero » giordano. Se i fautori della guerra ad oltranza contro Israele riuscissero a saldare il fronte siriano con quello libanese non vi è dubbio che l'intero quadro mediorientale rischierebbe di trasformarsi nuovamente in un campo di battaglia.

Il problema, in ultima analisi, torna alle sue origini, alla questione palestinese. Non si tratta più di una questione paragonabile a quella del 1948, anno della costituzione dello Stato di Israele e della prima guerra scatenata dagli arabi. Oggi vi sono componenti ben più esplosive a rendere terribilmente pericolosa una nuova escalation. In primo luogo il petrolio, in secondo l'ombra minacciosa dell'Unione Sovietica che non ha certo abbandonato i suoi propositi di espansione nello scacchiere e il cui orizzonte non si ferma certo al Canale o al golfo di Aden.

La Siria, intanto, ha lanciato accuse. di fuoco contro l'Egitto e gli Stati Uniti, giungendo ad affermare che l'accordo sancisce le conquiste territoriali degli israeliani. Si tratta di un nuovo getto di benzina sulla brace e la preconfigurazione di una sterzata ancora più netta in senso filo-sovietico del governo di Damasco, sin troppo noto per la sua intransigenza anti-israeliana e per il marcato fanatismo militare. Anche in questo caso ci troviamo di fronte a una posizione speciosa, dominata da una sostanziale povertà di risorse e quindi da una crisi interna accentuata. La Siria è tributaria dell'Unione Sovietica non solo per le armi, ma anche per molti altri prodotti di prima necessità. Su una superficie di 185.000 Kmq vivono approssimativamente sei milioni

di persone delle quali circa centocinquantamila sono nomadi. L'agri-
coltura e l'allevamento del bestiame formano la base dell'economia. Il
processo di industrializzazione è lento. La Siria si può definire come il
quadrivio del petrolio dal momento che sul suo territorio passano
l'oleodotto proveniente da Kirkuk (Irak) e quello Qatif-Saida.
L'oleodotto proveniente dall'Irak è diretto alla raffineria di Homs,
dove si biforca nei tronchi Homs-Baniyas e Homs-Tripoli (Libano).

La Siria, in sostanza, riveste un'importanza strategica di primo piano
non soltanto perché rappresenta una minaccia costante per i confini
nord-orientali di Israele, ma anche per il fatto che controlla il flusso
del petrolio irakeno agli scali del Mediterraneo. L'obiettivo del
presidente Assad potrebbe essere quello di esercitare pressioni sul go-
verno di Beirut affinchè conceda maggior libertà d'azione ai fedayn e
questo anche per aumentare il peso specifico di Damasco nell'ambito
dei paesi arabi. Non si deve tuttavia sottovalutare un altro aspetto della
questione: quello della sostanziale spaccatura verificatasi nello
schieramento arabo impegnato contro Israele. Se si aggiunge poi che
nella recente conferenza dei paesi aderenti all'OPEC, l'organizzazione
dei paesi esportatori di petrolio, si sono verificate profonde spaccature
in merito alla questione dell'aumento del prezzo del greggio, non si
può non concludere che un nuovo tipo di politica ha fatto il suo
ingresso nel Medio Oriente.

In questo contesto la Siria non può pensare di essere in condizione
di influenzare gli altri paesi arabi che al di là della situazione
contingente si rendono perfettamente conto che gli Stati Uniti e
l'Europa sono in grado di fornire ai paesi del Medio Oriente una
tecnologia nettamente superiore a quella dell'Unione Sovietica, senza
le ipoteche di carattere ideologico e militare che vincolano le forniture
provenienti dall'Urss.

Per realizzare una effettiva collaborazione si dovranno superare
antiche e ben radicate diffidenze; sarà necessario soprattutto giungere

*all'accettazione da parte degli arabi della presenza dello Stato
d'Israele come realtà imprescindibile della regione e, di conseguenza,
ad una soluzione negoziata - ed è questo il punto più delicato - della
questione palestinese, attualmente da considerarsi non tanto il
problema di un popolo senza terra, bensì uno strumento di rottura, una
bomba innescata, utilizzata per sabotare sistematicamente ogni
centimetro di cammino compiuto verso la pace.*

*Dall'atteggiamento del governo di Damasco dipenderanno in massima
parte i futuri sviluppi degli eventi mediorientali. E' noto, infatti, che gli
Stati Uniti sono disposti ad avviare con i siriani trattative del tipo di
quelle recentemente concluse con gli israeliani e con gli egiziani. E'
vero che il Congresso nella sua prova di forza nei confronti della Casa
Bianca e particolarmente del Segretario di Stato Kissinger non cederà
facilmente sulla questione dei massicci aiuti da concedere a
Gerusalemme in cambio della firma dell'accordo, per ora solamente
siglato dagli israeliani a Ginevra, ma non sarà nemmeno possibile ai
dirigenti di Damasco invocare la legittima difesa se insisteranno nella
loro decisione di volere a tutti i costi il ritorno allo status quo in
Palestina. E' sin troppo evidente che si tratta di una tesi pretestuosa. Al
di sopra del dramma dei palestinesi - la cui responsabilità è da
attribuirsi in parti uguali alla Gran Bretagna e ai Paesi arabi - si è sovrapposto un conflitto di ben più ampie dimensioni.*

*Non dimentichiamo, infine, che la zona di manovra, oseremo dire
la testa di ponte, dell'Occidente va costantemente restringendosi. Sino
a quando non si assisterà ad una inversione di tendenza o a un
mutamento della marea, per usare una espressione chur-chilliana, sarà
molto difficile attribuire all'Occidente ambizioni imperialistiche. Si
tratta piuttosto di una logorante battaglia per la sopravvivenza."*

22. *"Dal mar Mediterraneo all'oceano Pacifico"*[22]

"Il 3 luglio 1940 è da considerarsi la data che segna l'inizio del declino del prestigio europeo in Africa. L'11 novembre dello stesso anno, quella del tramonto della supremazia delle potenze del vecchio continente nel Mediterraneo.

La prima data è quella dell'attacco della flotta britannica alle unità francesi nel porto di Mers-el-Kebir, seguito poi da quello sferrato contro Orano; la seconda è quella dell'azione degli aerosiluranti inglesi della Squadra di Cunningham contro le corazzate italiane ancorate nel porto di Taranto.

Con queste due operazioni, « Catapult » la prima, « Judgement » la seconda, la Royal Navy si assicurò il predominio nel Mediterraneo. « Catapulta » e « Giudizio » consentirono agli inglesi di neutralizzare il pericolo della flotta italiana in grado, entro il mese di agosto del 1940, di schierare qualcosa come sei corazzate; quattro di ventitremila tonnellate, ognuna armata con dieci pezzi da 305 mm, e due di oltre quarantamila tonnellate, armate con un totale di diciotto pezzi da 381 mm, e di poderose unità da battaglia francesi, potenzialmente in condizione di cadere in mano ai tedeschi se non addirittura di unirsi a loro, per libera scelta. : Le corazzate italiane, « Littorio » e , « Vittorio Veneto », erano nettamente superiori alle similari unità inglesi del tempo. Solo la « Bismarck » e, più tardi, le « Yamato » giapponesi avrebbero superato dal punto di vista del tonnellaggio e dell'armamento le due navi di linea italiane, autentici prodigi della tecnica navale.

A trentacinque anni da quel periodo dominato dalle «preoccupazioni» imperialistiche della Gran Bretagna, il Mediterraneo è diventato un mare controllato in condominio da sovietici e americani, con una netta prevalenza strategica dei russi dal momento che si vanno sostanzialmente restringendo le aree di appoggio sulle quali può contare la Squadra statunitense. Tatticamente la Sesta Flotta ha il vantaggio di avere in linea le portaerei, ma vi è da rilevare che il raggio

---

[22] da "L'italiano"- Anno XVI- Novembre 1975

d'azione dei moderni cacciabombardieri, bombardieri e ricognitori, pone i sovietici in grado di annullare lo svantaggio in brevissimo tempo. Vi è da ricordare, inoltre, che nei porti del Mar Nero è quasi ultimata la prima portaerei russa e che un'altra è in avanzata fase di allestimento.

Vi è da sottolineare, d'altra parte, che gli americani sono, globalmente, nettamente inferiori per quanto attiene alle unità di superficie armate di missili anti-nave.

I disegni del Cremlino sono ovviamente progettati nel futuro. Dopo la riapertura del Canale di Suez e in considerazione delle scelte in politica estera effettuate dal presidente Sadat, i russi hanno bloccato i negoziati sugli armamenti strategici, irritando notevolmente il Segretario di Stato Kissinger e dando implicitamente ragione all'ex capo del Pentagono. Schiesinger. Nel contempo, proseguono nell'azione di potenziamento della loro flotta la quale, portaerei a parte, sovrasta quelle degli occidentali sia per quanto si riferisce alla qualità, sia per quanto attiene alla quantità. La spina dorsale della squadra sovietica è costituita dagli incrociatori lanciamissili e dalle vedette veloci armate di missili anti-nave. Se a queste due classi di unità si affiancano i sommergibili (in totale-più di trecento) si ha un'idea abbastanza precisa del tipo di arma politica che i sovietici sono in condizioni di manovrare per conseguire gli obiettivi del loro espansionismo.

Graduale conquista dell'egemonia in Europa; condizionamento progressivo dell'India; pressione costante su Turchia, Iran, Arabia Saudita; consolidamento delle posizioni in Somalia; prudente attesa dell'evolversi degli eventi in Jugoslavia, Portogallo e Spagna; strumentalizzazione delle quinte colonne operanti nei punti strategici del globo, formano la scacchiera operativa dell'Unione Sovietica.

Il Mediterraneo, l'Europa e il Medio Oriente e, quindi, oltre il cinquanta per cento delle linee di navigazione, vitali per le moderne economie. Di fallo la Russia domina già altri due punti essenziali: l'Estremo oriente e l'Europa centrale. Gli altri, Africa australe, Oceano Indiano e accesso al Pacifico dalla zona degli Stretti tra l'Indonesia e l'Australia, formano la posta dell'attuale fase politica.

Il Mediterraneo, dunque. Come trentacinque anni fa. E come allora il

*petrolio. Ma allora l'Europa era forte anche se dilaniata dalle rivalità,
dagli odi atavici; oggi è sempre divisa, ma è debole, immensamente
debole, esposta non solo ai pericoli delle manovre tra le due super
potenze, ma anche ai ricatti dei popoli arabi che si affacciano sul
Mediterraneo e sotto l'incubo di mutamenti politici in senso filo-sovietico in zone vitali per la sua sopravvivenza.*

*Uno di questi, forse il più pericoloso, è rappresentato dalla
Jugoslavia.*

*Un ritorno di Belgrado nell'alveo sovietico, in un periodo successivo
alla morte di Tito, avrebbe come conseguenza un mutamento di
atteggiamento della Albania, la dipendenza della Grecia dagli umori
della troika russa, la ricerca di nuovi equilibri da parte della Turchia,
la trasformazione dei porti slavi in basi per la flotta russa, una ac-
centuazione della posizione di prima linea della Nato, una
esasperazione della situazione italiana, già estremamente critica.
Grecia e Turchia, per non parlare dell'Italia, potrebbero trovarsi di
fronte al pericolo della finlandizzazione (nella migliore delle ipotesi) e
questo potrebbe significare la neutralizzazione della Nato, uno degli
obiettivi primari del Cremlino.*

*Da un punto di vista strettamente militare, il controllo russo sulla
Jugoslavia consentirebbe all'aviazione sovietica di avere nel suo raggio
d'azione tutto il Mediterraneo, tutta l'Europa occidentale, gran parte
del Medio Oriente e dell'Africa settentrionale.*

*Vi è da rilevare, inoltre, che i sovietici hanno avviato un programma
di trasformazione delle loro cannoniere fluviali potenziandone
l'armamento. Ai cannoni già installati verrà aggiunto un lanciarazzi
evidentemente destinato a impieghi di bombardamento contro obiettivi
situati sulle rive.*

*L'arma in questione, secondo fonti specializzate, potrebbe essere di
imo dei seguenti tipi: il primo in grado di lanciare proiettili da 140
mm. pesanti circa 40 Kg. a nove chilometri: il secondo che utilizza un
proiettile da 115 mm. pesante circa Kg. 60 con una gittata di 15 Km.*

*Sempre da fonti specializzate si apprende che nei cantieri di
Leningrado sono in allestimento due nuovi incrociatori lanciamissili
della classe « Isakov» (Kresta II, nel codice Nato). Nel Mar Nero, nel
frattempo, è quasi ultimato un nuovo incrociatore lanciamissili della*

classe « Kara » (Codice Nato). Si tratta, com'è facile intuire, di unità dotate di armamento modernissimo, frutto delle esperienze di questi ultimi dieci anni; qualcosa che in occidente non si possiede. Soltanto da poco tempo gli americani, consci della loro inferiorità in questo settore, hanno messo in cantiere gli « Spruance ». Il programma prevede la costruzione di trenta caccia di questa classe.

Le marine europee, attualmente, non hanno nulla da contrapporre ai sovietici nel settore degli incrociatori armati di missili anti-nave. Anche in questo settore la distensione ha agito da narcotico.

I concetti strategici che hanno informato gli americani e le maggiori potenze europee, Francia e Gran Bretagna in particolare, sono quasi tutti legati, per quanto concerne la marina, al binomio portaerei-sottomarino lanciamissili. Il sottomarino deve essere considerato facente parte dell'armamento strategico. La portaerei, invece, ha funzione tattica. I sovietici si sono resi perfettamente conto della impossibilità di colmare il divario di esperienza e di tecnologia per quanto si riferisce alla portaerei, ma hanno anche capito, da molti anni, che la funzione della « Task Force » non è più omelia elaborata e perfezionata nel conflitto del Pacifico, e che oggi una Pearl Habor non è possibile per la catena di rappresaglie nucleari che scatenerebbe. In considerazione di ciò, mentre hanno portato la loro flotta sottomarina convenzionale e nucleare a livelli eccezionali, hanno costituito una linea di incrociatori lanciamissili che rappresenta la più seria minaccia alle colossali portaerei nucleari e convenzionali dell'attuale linea statunitense.

E nel Mediterraneo, un mare che non consente le manovre ancora possibili negli oceani, una portaerei non convenientemente protetta sia dai caccia imbarcati, sia dal fuoco anti-aereo delle unità di scorta, è destinata a soccombere come è stato dimostrato nel 1941, quando le portaerei britanniche « Illustrions » e « Formidable » vennero duramente colpite e gravemente danneggiate dagli aerei italiani e tedeschi.

E allora non vi erano missili in grado di colpire un bersaglio navale anche da cinquanta chilometri di distanza.
La « Illustrions » venne attaccata il 10 gennaio 1941 e colpita da ben sette bombe da 250 e 500 Kg., mentre altre cinque caddero a

pochissimi metri dal suo scafo producendo altri danni. Solo la fortuna salvò la grande unità di 23.000 tons.

La « Formidable » invece, venne colpita durante l'operazione aeronavale italo-tedesca per la conquista di Creta. Il 26 maggio 1941 la grande portaerei (23.000 tons., classe «Illustrions» quanto di meglio avesse all'epoca la Rovai Navy e quanto di meglio vi fosse in fatto di portaerei) venne attaccata dagli « Junker-87 », i famosi « Stukas », i bombardieri in picchiata. Due bombe centrarono il bersaglio danneggiando gravemente l'unità che, come nel caso della gemella, venne salvata dal fatto che all'incursione non ne seguirono immediatamente altre della stessa intensità.

Estremamente indicativo, poi, è l'affondamento della portaerei Ark Rovai (22.000 tons.) colata a picco da un solo siluro (lanciato da un sommergibile tedesco (U. 81) a poche miglia da Gibilterra il 13 novembre 1941).

Come nel Mediterraneo, anche nel Pacifico il nemico numero uno delle portaerei, sia americane sia giapponesi, si rivelò il bombardiere in picchiata seguito subito dopo dall'aerosilurante.

Oggi il missile anti-nave ha praticamente sostituito i pezzi di grosso calibro, i siluri aerei e i bombardieri in picchiata. Le motosiluranti non sono più armate con siluri, bensì con micidiali missili anti-nave in grado di colpire un bersaglio a una trentina di chilometri. Può avere una funzione valida una portaerei senza una adeguata protezione missilistica fornita da naviglio sottile e da incrociatori? Secondo i tecnici più qualificati, no.

I sovietici, nell'attuale congiuntura, hanno, di conseguenza, una superiorità abbastanza netta.

Ma in considerazione della vulnerabilità delle portaerei, per quale motivo i sovietici hanno deciso di allestirne due? Si tratta essenzialmente di una questione di prestigio e, in secondo luogo, di una scelta tattica. Dietro lo schermo di potenti divisioni di incrociatori lanciamissili, le portaerei possono fornire l'indispensabile appoggio aereo. E' una impostazione opposta a quella americana. Per gli statunitensi il controllo del mare può essere garantito soltanto da forti « Task Force » facenti perno sulle portaerei, il pugno da K.O. Per i sovietici, il potere marittimo si esercita con unità dotate di un allungo superiore e più rapido, il missile antinave e anti-aereo lanciato da unità modernissime, veloci, dotate di avanzatissimi sistemi elettronici di scoperta e di attacco.

Proprio in considerazione di ciò si spiega anche perché il Cremlino, almeno dal 1950, abbia avuto tra le sue maggiori «preoccupazioni» quella di assicurarsi basi aeree e navali nelle immediate vicinanze dei futuri punti d'attrito con l'Occidente e perché abbia alimentato tre o quattro guerre su commissione per eliminare analoghe basi americane (Indocina, Corea. Medio Oriente).

Per limitare il discorso al Mediterraneo, gli Occidentali hanno perduto tutto ciò che controllavano in Libia e rischiano di essere sfrattati definitivamente dalla Grecia, dalla Turchia, per non parlare di Cipro.

In considerazione della situazione in Portogallo e della critica fase spagnola ci si rende conto che le posizioni occidentali si vanno facendo sempre più fragili; si aprono varchi paurosi nei quali i sovietici si gettano, trasformandoli in nuove basi per il successivo passo in avanti."

23. *"La ricerca di nuove fonti"*[23]

"Sembra quasi un rito e non è altro che una necessità. La ricerca di nuove fonti ha assunto la dimensione di una lotta dal momento che la storiografia dominante, per non parlare della pubblicistica, fornisce la versione dettata dalle necessità propagandistiche del momento. Si tratta in altri termini di uscire dalla cortina fumogena delle interpretazioni di comodo per giungere ai documenti, per avere finalmente la possibilità di vedere in tutta la sua autentica dimensione il succedersi degli eventi, la sua drammatica proiezione. L'obiettivo è quello di fornire ai giovani uno strumento interpretativo in grado di delineare il più compiutamente possibile l'equivoco storico nel quale sono cresciu-

[23] da "L'italiano"- Anno XVII- Gennaio 1976

ti, nel quale sono stati tenuti immersi da gruppi ideologici e di potere preoccupati esclusivamente di non lasciar affiorare la verità, l'unica in grado di smantellare il castello di interessi accanitamente difeso dai detentori del potere.

Una delle torri di questo castello, è quasi superfluo dirlo, è la televisione, e particolarmente quel settore che si dedica all'analisi storica dell'ultimo quarto di secolo, per limitare a un periodo ben determinato queste brevi note.

Ogni cedimento dell'Occidente è salutato dagli esperti televisivi come un nuovo passo verso la pace, verso l'intesa tra i popoli, verso una nuova forma di intendere la vita sociale. Si tratta nella maggioranza dei casi di interpretazioni di chiara marca comunista, ma altre sono ancora più squallide dal momento che sono dirette a distruggere la spiritualità dell'uomo, la sua forza creativa, la sua individualità. Si tratta in altri termini di analisi, giudizi, prese di posizione, tendenti ad accelerare il processo di disgregazione di una società già alle corde e, quello che è peggio, del tutto incapace di reagire ai colpi di piccone e alle iniezioni di barbiturici usati dall'intellighentia di sinistra e della ultra sinistra, se è corretto esprimersi con quest'ultimo termine, per facilitare la realizzazione del cosiddetto compromesso storico.

Con un programma a medio termine, gli specialisti della propaganda marxista lautamente retribuiti dalla RAI attuano il piano delle centrali politiche che si ispirano, per schematizzare il concetto, alle tesi elaborate nell'Unione Sovietica sulla base dell'antico, ma sempre valido principio del « cane di Pavlov ». Anche la stragrande maggioranza degli italiani è giunta al punto di reagire istintivamente nel senso voluto dagli specialisti di sinistra per quanto attiene alle interpretazioni degli avvenimenti di maggiore o minore rilevanza, proprio come il cane che dopo avere ricevuto a distanza di tempo due martellate su una zampa, alza istintivamente la zampa alla sola visione del martello, associandolo al dolore provato nelle due precedenti occasioni. Con questo, sia ben chiaro, non si vuole davvero sottovalutare lo spirito critico degli italiani, ma semplicemente osservare che la propaganda ha lavorato talmente in profondità, e con tutto il tempo a disposizione, da cambiare la pelle degli italiani, giunti ormai, e vi sono esempi clamorosi, ad accettare per oro colato le invenzioni del telegiornale o di altre trasmissioni politiche e « storiche» diffuse dalla televisione.

E poi si sente parlare di informazione democratica, di completezza dell'informazione.

La ricerca di nuove fonti. Ha senza dubbio un fascino particolare anche per il fatto che in questo tipo di società dove tutto è reclamizzato e standardizzato, i non addetti ai lavori, sempre nella stragrande maggioranza, non hanno tempo di scegliere fra tutta la massa dei prodotti di un determinato settore e inconsciamente si lasciano guidare da quelli che essi giudicano i suggeritori più adatti per simpatia, per affinità politica, per istinto. E allora la propaganda diventa uno strumento di primaria importanza per indirizzare il pubblico che ha sempre meno tempo per meditare, osservare, scegliere, addirittura per pensare perché mille invenzioni lo distraggono, lo assaltano, lo stordiscono, sempre inconsciamente, rendendolo morbido, per usare un termine pugilistico. E' un processo lentissimo quasi impercettibile nei suoi movimenti. Oseremmo dire che ci troviamo di fronte a un processo biologico se non sapessimo di assistere al dilagare di un fenomeno di ipnosi di massa.

Gli esempi sono clamorosi: l'ultimo è quello del fisico nucleare e leader dei dissidenti russi, Sakharov, premio Nobel per la pace 1975. E' inutile sottolineare la fretta con la quale la televisione ha trattato l'argomento ed è quasi superfluo rilevare che l'organo del partito comunista ha dedicato all'avvenimento cinquantasette righe in ultima pagina sotto un titolo a una colonna.

Il fenomeno della dissidenza non è che la punta dell'iceberg dei drammatici problemi connessi con il dominio sovietico dell'Europa orientale. E qui nuove fonti o meglio, l'interpretazione degli eventi del recente passato torna alla ribalta.

La crisi portoghese e i risultati delle elezioni del 15 giugno in Italia hanno agito su milioni di italiani e di europei come una robusta scarica da 220 volts. Hanno cioè spazzato via l'immagine sonnecchiante della distensione recentemente imbalsamata a Helsinki e hanno messo a fuoco la realtà dei fatti. Gli Stati Uniti nel caso in cui un Paese europeo associato alla Nato fosse sul punto di cadere sotto il controllo dei comunisti non potrebbero fornire alcun aiuto concreto per non compromettere i loro attuali rapporti con l'Unione Sovietica. In parole povere, mentre dal 1950 il comunismo internazionale è all'offensiva, l'Occidente, che ha perduto la guerra delle parole, è incapace di una reazione politica valida e per di più è stato posto nella difficile situazione di sentirsi in colpa ogni qualvolta tenta di difendersi dalle offensive terroristiche e criminali lanciate dai guerriglieri del comunismo internazionale. A creare il « clima » adatto ci pensano gli specialisti della televisione e della carta stampata.

* * *

Ma la scarica elettrica ha lasciato il terreno all'immaginazione, alla fantasia e milioni di italiani stanno già pensando non al metodo più efficace per contenere la galoppata comunista, bensì a quello di sopravvivere nel sistema che ritengono lo sbocco logico degli avvenimenti.

« Un modo per sopravvivere consiste nel fuggire » ha scritto il giornalista americano John Hersey nella presentazione del servizio dedicato alla rievocazione della fuga di un esponente politico ungherese dopo la repressione sovietica del 1956. « L'atto della fuga- prosegue il giornalista - non sempre denota mancanza di coraggio e, nel caso dei Fekete, dei quali verrà ora narrata la storia,

manifestamente non fu così, in quanto i rischi di chi si allontanava dall'Ungheria, dopo la repressione della rivolta del 1956, erano a malapena inferiori all'orrore che avrebbe significato il restarvi per quest'uomo, con la moglie e le figlie. Vilson Fekete non solo fece la scelta pericolosa di vivere nella libertà, ma affrontò tutti i rischi di chi incomincia una vita completamente nuova in un mondo sconosciuto. »
Il servizio intitolato « Viaggio verso la sensazione di essere ben trattato » è stato raccolto anni fa in un volume, edito in Italia da Longanesi, unitamente ad altri articoli dello stesso autore dedicati a fatti straordinari nei quali la sopravvivenza è il minimo comune multiplo.

Ma la repressione in Ungheria sembra immersa nella notte dei tempi
tanta è stata la dedizione dell'Occidente nel coprirla d'oblio. Eppure le vittime furono oltre venticinquemila. Vi è da chiedersi come mai la cinematografia occidentale, sempre alla ricerca di soggetti nuovi, non abbia pensato di realizzare un film su quelle vicende che sembrano emergere da un mondo irreale tanta è la ferocia che lo ha generato. Ma l'Occidente in quei giorni e in quelli che sono seguiti aveva altri interessi, e, oggi, dopo che la rivolta di Budapest è stata affiancata, nel ricordo, dall'invasione della Cecoslovacchia, si considerano gli interventi dei carri armati sovietici come parte di una logica immutabile, non rientrante nella nostra sfera d'interessi, come parte di una realtà umana del tutto estranea al nostro divenire. La droga della distensione ha raggiunto lo obiettivo. Fatti come quelli ungheresi e cecoslovacchi sono ormai ritenuti superati; ora le conquiste del comunismo internazionale avvengono legalmente.

La dichiarazione dei diritti dell'Uomo venne approvata dall'Assemblea dell'ONU il 10 dicembre 1948 con 48 voti favorevoli e nessuno contrario, ma con l'astensione della Cecoslovacchia, della Jugoslavia, della Polonia, della Russia Bianca, dell'Ucraina e dell'URSS oltre all'Arabia Saudita e all'Unione dell'Africa meridionale. Il primo dei trenta articoli della « Dichiarazione universale» recita: « Tutti gli uomini nascono liberi e uguali in dignità e in diritti. Sono dotati di ragione e di coscienza, e devono agire gli uni verso gli altri in spirito di fratellanza ».

Vi è da chiedersi a questo punto se non sarebbe più onesto, da parte delle Nazioni Unite, denunciare la « Dichiarazione universale » e proporne un'altra, rispondente alla nuova realtà consolidatasi in questo ultimo quarto di secolo.

Si insiste, da parte dei governi occidentali, nel ritenere di secondaria importanza il pericolo dell'espansionismo sovietico, minimizzandone la pericolosità, attribuendo ad altri fattori, mai delineati con esattezza, la turbolenza politica in essere nell'Europa occidentale, puntando sul dialogo, che si svolge non su un piano di uguaglianza, con l'Unione Sovietica. L'equivoco al quale accennavamo in apertura consiste proprio in questo: nel considerare anacronistico il diritto alla difesa di fronte alla minaccia comunista che non è estrinseca ad esempio in Italia nella politica sindacale della triplice, o nella richiesta di una diversa distribuzione della ricchezza o, ancora, in una scuola più rispondente alle esigenze moderne della preparazione dei giovani alla vita, ma che fa di queste argomentazioni e di altre (l'attacco al principio della proprietà), anzi, il grimaldello per sconvolgere un sistema senza dubbio marcio, ma per sostituirlo con quello dominante all'est, per il quale i diritti fondamentali dell'uomo anzi, l'uomo medesimo, non ha rilevanza.

Il segno dei tempi nuovi è raffigurato da avvenimenti che non hanno bisogno di illustrazioni particolari per essere interpretati nella loro giusta luce: il Muro di Berlino, la repressione nelle città baltiche della Polonia, dell'Estonia, della Lituania, della Lettonia, il conflitto in Indocina, la guerra di Corea, per citare soltanto quelli che hanno avuto dimensioni internazionali, formano nel loro complesso il grafico di una politica di aggressione e di imperialismo non certo improvvisata. Si tratta più semplicemente degli sviluppi di una strategia minuziosamente preparata. La crisi mediorientale, il potenziamento della flotta, la penetrazione dapprima nel Mediterraneo e poi nei vari oceani della Terra, con particolare riguardo al Pacifico e all'Indiano, la creazione di teste di ponte in Africa - molto importante quella in Somalia - sono le tappe più significative del processo di espansione sovietica.

E' una nuova forma di guerra che ha nello spionaggio elettronico e spaziale e nei missili intercontinentali a testate multiple il suo deterrente.

Tutto questo, ovviamente, viene trattato con molta superficialità dalla stampa cosiddetta d'informazione e dalla televisione, dal momento che il solo sfiorare certi argomenti provocherebbe una fitta serie di domande alle quali sarebbe necessario dare una risposta e allora le tesi dei movimenti di liberazione verrebbero smantellate automaticamente, riconducendo la questione nei suoi termini storici che sono quelli sopra delineati.

Il Muro di Berlino, ad esempio. E' stato eretto nel 1961 per troncare il salasso della popolazione della Germania est, controllata dai sovietici. I confini tra le due Germanie sono stati trasformati dai comunisti in una lunga teoria di campi minati controllati elettronicamente, in una serie di trappole micidiali, in filo spinato dove passa la corrente elettrica, in un nuovo tipo di edilizia formato da casematte, da nidi di mitragliatrici, e via di questo passo. Nonostante queste misure le fughe dallo est sono continuate e i profughi hanno pagato un alto tributo di sangue, senza che gli specialisti della televisione abbiano ritenuto di versare fiumi di parole sugli assassini commessi dai « Vopos ».

* * *

E si parla sempre di completezza dell'informazione, di informazione democratica. Termini mai seguiti da una corretta spiegazione. A certa gente basta infarcire i discorsi propagandistici e demagogici con parole il cui significato etimologico è stato snaturato e piegato alle esigenze contingenti. L'importante è mantenere uno stretto controllo sull'opinione pubblica, non consentirle di riflettere con il proprio cervello, fornirle a getto continuo argomenti sapientemente manipolati per non lasciare vuoti che potrebbero essere riempiti da attimi di meditazione, fatali per il processo di trasformazione in atto.

In questo clima le nuove generazioni sono venute affacciandosi alla vita sociale. E' del tutto pretestuoso, quindi, chiedersi il perché di certi risultati elettorali. Sarebbe invece estremamente utile per non dire indispensabile realizzare veramente il sistema democratico oppure avere il coraggio di ammettere chiaramente e senza la cornice delle ipocrisie che caratterizza l'attività dei partiti di governo, che il sistema è quello che è: una serie di discriminazioni a senso unico, di compromessi e di intrallazzi. Per facilitare l'affermazione del comunismo. Una opposizione efficace dovrebbe elaborare, oltre ai tradizionali metodi politici e culturali, una metodologia d'urto basata su studi analitici, su una ricerca approfondita delle casuali all'origine dei cedimenti, predisponendo centri di studio affidati a specialisti con l'incarico non solo di esaminare i fenomeni sociali e le situazioni obiettive che agiscono quali veicoli del rilassamento di fronte al crescente pericolo, ma anche di individuare, nel loro complesso e nei casi specifici, le contromosse da adottare per uscire dallo stato d'inferiorità attuale e affrontare l'avversario sul piano delle idee e dei programmi, i quali non possono non essere frutto di studio profondo e di innovazioni.

In altri termini, si tratta di qualificare la tattica e di correggere la strategia."

24. "Ciu En-Lai il mandarino"[24]

"Un aristocratico, un profondo conoscitore dell'occidente, delle sue sottili e affascinanti contraddizioni; un mandarino, un uomo di altissima cultura e di profondo realismo, ricco di tenacia e di fatalismo; un maestro del compromesso; un giunco nella sua saggezza, nella misura del suo atteggiamento; sotto certi aspetti un artista della politica. Distaccato dagli eventi quasi li sfiorasse appena; impenetrabile eppure rapidissimo nelle intuizioni; persino appassionato in certe sue manifestazioni, ma paziente e lungimirante; forse lento nell'azione, ma implacabile nel perseguire gli obiettivi, come solo un orientale e un cinese in particolare possono esserlo. Questo, e molto di più, era Ciu En-lai.

Era nato da una famiglia nella regione di Shangai nel 1898 e subito aveva rivelato la sua vocazione per la politica aderendo ai movimenti studenteschi. I suoi studi li aveva perfezionati in Germania, a Francoforte tra il 1920 e il 1923 e qui aveva aderito al comunismo.

Vi è senza dubbio una contraddizione in questa sua scelta, ma vi è da dire che in quel periodo la Cina era un vulcano, una sorta di gigante impazzito, alla ricerca della sua dimensione. Per Ciu En-lai la dottrina comunista rappresentò soltanto una giustificazione alle sue immense ambizioni. Era innanzitutto un nazionalista, non uno sciovinista; un freddo calcolatore. La Cina era la sua fede, la sua amante, la sua dolce follia e per la Cina visse e combatté. E' stato un uomo legato agli eventi, protagonista della storia, artefice del suo corso; eppure era un poeta, sotto certi aspetti un asceta, anche se sapeva essere durissimo, agghiacciante nella sua fermezza.

---

[24] da "L'italiano", Anno XVII- Febbraio 1976

Aveva qualità di Talleyrand, di Fouché, di Metternich, con in più la visione religiosa dei cinesi, la perseveranza, intesa come un giogo da sopportare con dolcezza, come una specie di seconda natura. Di tutti i più alti collaboratori di Mao era il più preparato e il più prudente, giungendo a trovare il giusto equilibrio tra ambizione e lealtà, tra attesa e tempo, tra necessità e possibilità.

Tornato in Cina dalla Germania, divenne segretario del partito nel Kuang-tong (regione di Canton), poi commissario politico dell'accademia militare del Kuomintang di Whampoa.

Al tempo della lotta tra i vari gruppi di potere, nel 1927, riuscì a sfuggire, a Shangai, alla cattura da parte degli uomini di Ciang Kai-scek. Vi era il tratto di un disegno preordinato. Nel 1931 divenne vicepresidente del Consiglio rivoluzionario militare della repubblica sovietica fondata nello Kiang-si. Nel 1934-35 partecipò alla « lunga marcia ». Nel 1936 fu uno dei sostenitori della politica di riavvicinamento al Kuomintang contro l'attacco giapponese. Comprese che soltanto uscendo dai termini di una lotta interna e internazionalizzando il problema e inserendo in quel contesto la presenza comunista, avrebbe potuto dare un senso alla fase successiva della lotta, la conquista del potere. Il suo calcolo venne accettato da Mao; non venne compreso dagli americani, i quali, pur di sconfiggere il Giappone, dettero il primo colpo di piccone al loro prestigio, sacrificando Ciang. Ciù En-lai, da buon gregario, attribuì il merito della scelta a Mao. In effetti la svolta alla vicenda venne dalla sua apertura al Kuomintang.

E il tocco finale fu dato dal suo intervento per ottenere la liberazione di Ciang catturato dalle truppe di Ciang Hiue-leang, nel 1936.

Ormai la strada era segnata; si trattava soltanto di sapere attendere. Con la costituzione della Repubblica popolare, nel 1949, Ciu En-lai divenne primo ministro e ministro degli esteri. Nel 1959 abbandonò la carica di capo della diplomazia, ma ormai il grande lavoro di

*preparazione era compiuto. Da Pechino, il premier manovrava le sue
silenziose pedine, mentre assisteva da dietro le quinte alle feroci lotte
di potere all'interno, culminate con la morte di Lin Piao e passate attraverso la rivoluzione culturale, una drammatica epurazione della
quale si potrà avere la dimensione esatta forse tra qualche decennio.*

*Quando la Cina divenne adulta nel quadro della politica inter-
nazionale, Ciu En-lai comprese che il vero nemico non era l'Occidente
nel senso comunemente attribuito a questo termine, bensì l'Unione
Sovietica. E non per questioni ideologiche, ma per le antiche, eterne
faccende economiche. La meticolosità cinese, la grande capacità di
quel popolo di affrontare sacrifici, la misura diversa del tempo, della
vita, dei rapporti umani, l'ineluttabilità di certe impostazioni,
rendevano la Cina il futuro protagonista dell'Oriente e a Mosca
prendeva sempre più consistenza la possibilità di una futura intesa tra
Cina e Giappone auspice l'America. Ciu En-lai non fece nulla per tran-
quillizzare i sovietici, anzi. Anche nel pieno della guerra in Indocina
quando gli Stati Uniti erano il bersaglio della più sfrenata propaganda
comunista, la Cina mantenne un atteggiamento di rispetto se non di
timore. La cautela è stato il denominatore comune dell'azione del
premier. La sua era una politica poco appariscente, quasi incolore, ma
di altissimo peso specifico, come si conveniva ad un uomo del suo
rango. Non era il rivoluzionario grezzo e arrogante, non aveva i difetti
clamorosi di un Kruscev o la grossolanità di un Breznev, non l'aureola
di Mao e neppure la marzialità di Lin Piao; era piuttosto il docente di
una ideale Oxford cinese, anche quando portava il famoso berretto con
la stella rossa. Vestiva i panni del rivoluzionario come un aristocratico
autentico può vestire quelli dell'uomo di fatica, senza imbarazzo, ma
denunciando chiaramente le proprie origini, la provvisorietà della situazione, l'occasionalità della circostanza. L'evento di maggior
rilevanza verificatosi negli ultimi anni è stato senza dubbio il suo
colloquio con Kissinger dal quale sfociò il viaggio di Nixon in Cina. Se*

il seguito non è stato degno del prologo lo si deve solo agli ambienti economici americani i quali dapprima scelsero l'accordo con l'Unione Sovietica convinti della possibilità di potere fare grossi affari con l'Urss ritenuta un mercato più interessante, poi ricorsero all'espediente del Watergate per togliere di mezzo Nixon, il quale era deciso a fare il presidente.

La grande occasione è stata perduta dagli americani, non certo dai cinesi. Sarebbe stato possibile trovare una soluzione diversa per il Vietnam. Ciu En-lai lo fece capire chiaramente. Washington ha preferito firmare lo accordo di Helsinki. Il premier non sempre riuscì a non far affiorare due tra i suoi più radicati sentimenti: una sorta di razzismo che si potrebbe definire la sua autentica ispirazione, e un ben radicato disprezzo per gli uomini dei quali conosceva fin nelle più recondite pieghe la corruttibilità. Per questo sapeva apprezzare i nemici. Ciu En-lai era convinto dell'assoluta superiorità dei cinesi su qualunque altro popolo e la prova è data non tanto dalla sua attività di rivoluzionario, ma piuttosto da quella di raffinato diplomatico. Riuscì in molteplici circostanze (basti pensare al trattato di Parigi sul Vietnam) a dimostrare la superiorità della filosofia cinese sull'opportunismo e sul mercantilismo dominanti l'occidente e in larga misura anche i Paesi dell'est europeo; basti riflettere sull'attuale momento politico internazionale e non soltanto per quanto attiene all'estremo oriente.

Ragionava in termini di decenni; operava in termini di centinaia di milioni di uomini; ha saputo governare senza dare ombra al capo carismatico e quando si rese conto, in rare occasioni in verità, di essersi spinto troppo oltre correndo il rischio di fornire argomenti di critica ai suoi nemici, seppe rientrare nei ranghi, con delicatezza, come un ombra, pronto a riapparire al momento opportuno. Il suo volto di sfinge, lo sguardo vivissimo anche se freddo come l'acciaio, rivelavano l'acutezza del pensiero, la razionalità del processo mentale, l'assenza di sentimenti superflui per il suo ruolo. Forse era la miglior realizzazione umana del computer.

Subordinava ogni altra esigenza agli obiettivi, in questo risiedeva lo aspetto più autentico della sua forza. Ha dimostrato che le rivoluzioni possono essere fatte anche dagli aristocratici. Un'ironia della storia, una conferma della superiorità dell'ingegno sulla burocratizzazione. Una preziosa cineseria."

25. "Cuneo e grimaldello"[25]

"Il terrorismo è senza dubbio alcuno il mezzo più efficace per piegare la volontà di quanti non siano disposti a rischiare di persona nella difesa dei propri diritti. Quando il rapporto si trasferisce su di un piano politico, il terrorismo diventa una metodologia, una dottrina, in certi casi una religione. E' quanto risulta da una analisi degli avvenimenti verificatisi negli ultimi dieci anni, ma, volendo inventare l'acqua calda, si potrebbe dire che da quando l'uomo ebbe coscienza di sè e del rapporto con il suo prossimo, la violenza, intesa come mezzo d'azione e di pressione per conseguire un determinato risultato, è diventata parte integrante del suo processo evolutivo socio-politico.

Il conflitto tra la ragione e la violenza è solo apparente. Spesso la ragione è servita come alibi alla violenza; spesso l'uomo ha fatto ricorso alla ragione, tramutata in diritto, per imporre la propria volontà, per dare corso alla storia, per tutelare privilegi o crearne dei nuovi, contrabbandandoli per conquiste sociali. Ma in questi ultimi anni il terrorismo ha raggiunto limiti esasperati. Secondo alcuni studiosi, questa manifestazione troverebbe una sorta di spiegazione nella disperazione, in quella forma mentis dove l'essere intelligente viene dominato esclusivamente dall'istinto di conservazione, dove quest'ultimo assorbe in sè ogni facoltà del processo razionale pilotando automaticamente, tramutando, sia pure per frazioni di secondo, l'uomo in un automa, dove, quindi, la responsabilità oggettiva

---

[25] da "L'italiano", Anno XVII- Febbraio 1976

è annullata, dove subentra l'incapacità di intendere e di volere, dove soltanto la furia si staglia sullo sfondo agghiacciante della paura.

La paura è un baratro sconosciuto alla scienza, la quale ha tentato e tenta di delinearne i contorni senza tuttavia essere in grado di fornire un diagramma attendibile dei suoi sviluppi. Ma qui siamo oltre le soglie della follia, mentre il terrorismo dominante, purtroppo, è ben lungi dall'essere cieco come una valanga o come un tifone. Il terrorismo è lucido, razionale, logico nella sua implacabilità; è pianificato come la rotta di un aviogetto, studiato e collaudato persino nell'imprevisto, ricco di soluzioni alternative e, soprattutto, incontrollabile e non disinnescabile quando gli artefici non siano degli improvvisatori, ma siano dei professionisti e conseguentemente siano convinti di quello che fanno.

Il fanatismo non è sempre la spiegazione di certi eventi, Monaco, Fiumicino, ad esempio. E' al contrario la molla che innesca il meccanismo; il pretesto, o, meglio, il terreno, sul quale gli specialisti della sovversione lavorano per produrre gli strumenti idonei a realizzare i loro progetti.

All'origine in sostanza vi è l'inganno. L'elemento, dominante finisce con l'essere l'illusione, mentre l'appagamento di desideri repressi e la molla delle, frustrazioni fungono da veicoli. Si giunge allora alla elaborazione delle ideologie, alla teorizzazione del metodo, alla religione, appunto. L'esplosivo, le deflagrazioni, i morti, i feriti, il panico, l'incubo della minaccia formano il rituale. Le eventuali snervanti trattative assumono la, veste di un riconoscimento ufficiale, del ruolo di interlocutore privilegiato, degno di « parcelle » altissime e di ogni riguardo. E questo alimenta la forza del (terrorismo e ne codifica la funzione.

Il delicato congegno degli equilibri internazionali, non consente mutamenti traumatizzanti a livello di governi senza il rischio di gravi perturbamenti pregiudizievoli, degli interessi fondamentali degli antagonisti. Il terrorismo agisce allora da grimaldello, da corrosivo, da cuneo. E' un asso nella manica di chi, negando, nella sostanza, i principi propagandisticamente predicati in altra sede, persegue obiettivi precisi, lungamente meditati, cinicamente braccati, con meticolosità pari soltanto alla tenacia dominante il divenire delle fasi.

La gran massa è consciamente disposta a pagare un alto prezzo purché siano fatti salvi i principi elementari di una sopravvivenza a livello vegetativo. Spiritualità, creatività, libertà di espressione, sono le prime ricchezze barattate. E' sufficiente che rimanga una parvenza di libertà, il diritto al « mugugno ». Tutto si risolve in un progressivo decadimento in cui è sin troppo facile avvertire la caduta verticale di ogni autentico valore morale; si registra il,proliferare dell'acquiescenza e del suo potere soporifero.

Chi dimostra un minimo di coraggio nel tentare di opporsi viene tacciato di fascista, quasi che il voler porre in dubbio l'autentica ispirazione del terrorismo e i suoi scopi possa esser assimilato ad altra immagine che non quella autentica di una denuncia e di una critica al terrorismo stesso, ai sistemi che lo finanziano e a quelli che lo subiscono, tentando, spesso, di fagocitarlo e di strumentalizzarlo.

***

La mancanza di immaginazione, l'appiattimento di ogni slancio, il ritmo speculativo dell'esistenza, impediscono la configurazione di nuovi ideali, di mete da raggiungere. L'azione di contenimento si rilassa; le smagliature, nelle istituzioni vanno assumendo le dimensioni di vere e proprie spaccature e in un contesto del genere l'arroganza, la prepotenza, l'arrivismo, crescono con una rapidità vertiginosa. La frenesia diventa allora la misura del passo per coloro i quali, respingendo ogni forma di preparazione e di selezione culturale e specialistica, intendono raggiungere i traguardi prefissati dalla cupidigia. Sull'altro fronte la rassegnazione, la passività, l'ignavia; i sistemi sorti sulle ceneri della seconda guerra mondiale scricchiolano paurosamente perché in essi non vi è forza originaria, non vi è la capacità critica di ammettere di, avere vissuto in funzione di una opposizione di comodo e non in forza di una autentica vitalità, frutto di un processo autonomo, tuttavia, legato anche se in funzione revisionistica al passato. Si è voluto, in effetti, utilizzare il passato non come termine di spinta, ma come giustificazione di uno stato di fatto, come legittimazione di tutto, anche delle incapacità e degli errori clamorosi. Il fallimento è nei fatti e allora gli insoddisfatti, i delusi, i *parassiti hanno preso il sopravvento. E non avendo idee, coraggio e orgoglio hanno fatto della demagogia il loro cavallo, di battaglia e la scelta non poteva non sfociare nel lassismo, nel permissivismo, nell'impostazione di un tipo di società basata sul clientelismo più squallido. Nel rispetto delle leggi fondamentali della vita dell'uomo, è scattato il meccanismo della violenza. Non poteva essere altrimenti.*

L'assurdo consiste nel timore da parte del potere legale di usare la maniera forte per, difendere i cittadini e al tempo stesso il principio dello Stato di diritto e la tanto conclamata democrazia.

Ma il timore è il risultato dell'impotenza. Non vi può essere capacità di reazione da parte di un sistema formato esclusivamente da una confluenza di interessi contingenti. Il substrato è troppo labile, mutevole, temporaneo. E' sufficiente una prospettiva migliore per ribaltare la situazione. Un maggior profitto induce a nuove alleanze. La corruzione assurge a livello di ideologia e non vi è da stupirsi se il terrorismo sia diventato un argomento ovvio, un elemento della soluzione nella quale gorgogliano i resti di una civiltà. E' riemersa tristemente la teoria della forza intesa come elemento catalizzatore di simpatie e di sensi.

Il terrorismo dirompente alimentato dal comunismo internazionale ha quali bersagli primari le intelligenze. Un oppositore in grado di usare la forza del ragionamento con argomenti stringenti e inoppugnabili non consente scappatoie nel campo della dialettica. Solo la violenza permette di stroncarlo e allora il terrorismo giunge ad utilizzare gli ospedali psichiatrici, i campi di lavoro forzato, dove la tortura fisica e psicologica sonora condizione normale di vita. Altrove gioca un ruolo determinante l'intimidazione, l'immagine di quello che potrebbe accadere in un tempo più o meno lontano.

Contrariamente a quanto molti ritengono, non si tratta di un processo irreversibile. Però, la fermezza, la decisione di contrastare la marea, l'affinamento delle strategie e delle tattiche non possono certo restare a livello di intenzione o di velleitarismo salottiero. Si tratta di uscire da certi equivoci di fondo i quali hanno condizionato e continuano in notevole misura a condizionare la formazione di una autentica coscienza democratica in grado per sua stessa natura di produrre gli anticorpi. Non ci si può illudere di combattere il terrorismo e la violenza in ogni sua manifestazione rimanendo ancorati a schemi di lotta superati e sotto certi aspetti ridicoli. Il linguaggio, la critica, l'analisi, la ricerca, la formazione degli uomini devono essere scientifici, risultato di un processo basato sulla specializzazione e non sulla deformazione di tecniche nefaste, quelle che hanno prodotto la situazione attuale.

Abbandonarsi al fatalismo, arroccarsi su posizioni anacronistiche, adorare feticci potrebbe essere una, raffinata forma di suicidio".

26. *"A colloquio con un vietnamita"[26]*

" Un giornalista ungherese di passaggio a Roma per assistere al Congresso della Democrazia Cristiana, ha così sintetizzato l'attuale situazione nel Vietnam del Sud, da dove proveniva: « Laggiù si vive di miseria ».

Pochi giorni or sono ho potuto parlare con un vietnamita giunto in Europa soltanto da una settimana. Si è trattato di un colloquio confidenziale; l'interlocutore ha condizionato il dialogo alla riservatezza sul suo nome.

Non vi è necessità di commento né a questa richiesta, né alle notizie raccolte. Dopo avere osservato che al tempo di Van Thieu a Saigon operavano oltre duemila giornalisti di tutte le tendenze e che attualmente! vi sono meno di dieci corrispondenti selezionati e di sinistra, il nostro interlocutore ha proseguito affermando che Nguyen Huu Tho, capo dello Stato sud-vietnamita e presidente del fronte rivoluzionario, la signora Nguyen Thi Binh, ministro degli esteri e Huynh Tan Phat, presidente del consiglio, non hanno alcun potere. Essi sono sottoposti al controllo di Pham Hung e del generale Tra (esponente del fronte, ma addestrato e preparato politicamente a suo tempo ad

[26] da "L'italiano", Anno XVII- Maggio 1976

*Hanoi). Il generale Tra è il presidente del comitato militante a Saigon
o, come è stata ribattezzata, Città di Ho Chi Minh. Pham Hung e Tra
sono gli « inviati » di Hanoi, i diretti responsabili di quanto accade nel
sud del Paese. In pratica, i proconsoli. Il Vietnam del Nord voleva
affidare) il delicato incarico a Thanh, ma questi morì, pare nel corso
dei combattimenti. I due «inviati», di cui sopra, possono esercitare il
loro controllo grazie all'attività di venticinquemila funzionari del nord
dislocati nel territorio conquistato.*

*Dal Vietnam del Sud sono stati espulsi missionari americani e
francesi. Erano considerati imperialisti e colonialisti, ma anche ita-
liani- i salesiani: « i quali, dice il nostro interlocutore, avevano fatto
tanto bene al nostro Paese specialmente per le giovani vittime prima
della guerra ».*

*« La libertà, in genere per i cittadini, non esiste più. Da un villaggio
all'altro, da un comune all'altro, per spostarsi necessita un permesso. E
la concessione dipende esclusivamente dall'autorità. Hanno tanti motivi
e ragioni per rifiutarlo. Questo non soltanto in Saigon e nel sud-
Vietnam, ma anche nel nord ».*

*« Il governo - ha proseguito - controlla tutte le notizie che giun-
gono e che partono. Al tempo di Thieu una lettera dall'Europa al Sud
Vietnam impiegava due giorni per via aerea. Ora impiega come
minimo venti giorni. In media oltre un mese. Dopo la caduta di Saigon
ho saputo che una studentessa ha scritto una lettera a un suo insegnante residente in Europa. La lettera per giungere ha impiegato due
mesi e mezzo, per via aerea. Non solo i cittadini per spostarsi da un
luogo all'altro devono chiedere un permesso; per i sacerdoti è ancora
peggio. I cattolici sono i più. perseguitati. Anche i buddisti e i
rappresentanti di altre sette religiose incontrano gravi e a volte
insormontabili difficoltà. I buddisti convinti, per la verità, sono rari. Il
popolo conosce pochissimo la dottrina del buddismo. Soltanto alcuni
bonzi la conoscono. Tutti i libri di questa religione sono scritti in*

cinese; solo i bonzi possono leggere e capire. *La stampa italiana scrisse, al tempo di Diem, che il Sud-Vietnam era un Paese con una popolazione per l'ottanta per cento buddista. Non era pertanto conveniente lasciare un governo cattolico, perché i cattolici erano il dieci per cento. Dopo la caduta di Diem la stessa stampa ha scritto che i cattolici erano il quaranta per cento. Nessuno può fare una statistica esatta sul numero dei buddisti e sulle sette religiose* ».

Il vietnamita ha poi affrontato l'argomento della setta dei Kaodisti:

« *E' forte non soltanto come religione, ma anche dal punto di vista politico e militare. In una zona vicino alla frontiera della Cambogia un generale di questa setta sta dirigendo le operazioni di resistenza contro il nuovo regime. Vi sono poi i buddisti moderati nelle province del Delta del Mekong. Al tempo di Diem e di Jhieu era difficile persino alle truppe sud-vietnamite entrare nella zona.*

Poco a poco si sono alleati con le forze governative di allora, ma hanno sempre conservato la loro autonomia e anche ora hanno un forte esercito che oppone una fiera resistenza al nuovo regime ».

Pur non essendo stato fatto ancora il referendum sull'unificazione, il Vietnam del Nord ha già preparato una carta del Paese dove l'unificazione è ormai data per avvenuta.

Nelle regioni militari vi è resistenza: la forza di resistenza si calcola in duecentomila uomini, ben armati. Nella zona di confine della Cambogia e nel delta del Mekong alla fine della guerra sono rimaste tre divisioni intatte. Erano state dislocate in quel settore perché si pensava che da quella direzione si sarebbe sviluppato l'attacco contro Saigon. Invece, poi, l'offensiva si scatenò nella zona degli Altipiani.

«*Sino ad ora nessuno ha scritto questo* — prosegue l'interlocutore — *i generali che si sono arresi o si sono presentati alle autorità comuniste sono pochissimi. Dalle ultimissime notizie avute risulta che sono i giovani colonnelli che dirigono le operazioni di resistenza nelle quattro zone. La resistenza non si può sapere fino a quando durerà. Dipenderà dagli aiuti esterni in armamenti e denaro. Ma tutto fa ritenere che durerà. Il Nord-Vietnam ha affrettato la riunificazione per avere un motivo plausibile per inviare l'esercito a domare questa resistenza senza provocare ripercussioni internazionali ».*

« Una parte della resistenza è appoggiata dal Fronte di liberazione. Il Fronte di liberazione e il Governo rivoluzionario provvisorio sono dei fantocci inventati dal Nord-Vietnam per avere voti nell'accordo di Parigi. In tal modo i voti erano due e due. Altrimenti da un lato vi sarebbero stati gli americani e i sud-vietnamiti e dall'altro solo Hanoi. In questo caso il Nord-Vietnam sarebbe stato battuto. Bisognava inventare qualcosa. Ora il Vietnam del Nord ha occupato la maggior parte del sud. I vietnamiti che combattevano con il Fronte Nazionale e i funzionari del Governo provvisorio si sentono delusi perché sono stati messi in disparte. L'amministrazione è in mano al nord. La signora Binh girava tanto... Adesso non può fare nulla. Il capo dello Stato l'avvocato Nguyen Huu Tho e moltissimi che fanno parte del Fronte non sono comunisti. Erano anti-Thieu e anti-Diem. Erano tutti o quasi tutti ex studenti dell'Università della Sorbona. Sono intellettuali e, come qui in Europa, i movimenti degli intellettuali devono essere progressisti, se non sono progressisti non sono intellettuali ».

Agli italiani dico questo, prosegue il nostro interlocutore, Voi volete provare il comunismo perché voi avete vissuto il fascismo? Ma noi abbiamo vissuto anche il comunismo, io sono nord-vietnamita. E se io devo scegliere fra comunismo e fascismo, secondo la mia opinione, io ragiono così... il fascismo era una dittatura nera, ma aveva alla sua base il principio della nazione e un patriottismo esagerato. Il comunismo è una dittatura rossa, ma non ha nazione. E' il partito che conta. E lavorano per il partito, non per la nazione. Noi vogliamo un regime che ci assicuri la libertà. Per questo abbiamo lottato. Trenta anni di guerra. Al tempo di Diem e di Thieu avevamo ancora certe li-

bertà. Al tempo di Thieu a Saigon vi erano venti giornali quotidiani. Adesso ve ne è uno solo. E vi è un solo settimanale « L'Ebdomadario ».

« Questo settimanale — sottolinea il vietnamita, che da quanto si è potuto comprendere dalla sua riservatezza su certi argomenti e dal rifiuto cortese di rispondere a certe domande, ha dato la sensazione di essere un esponente della resistenza anti-comunista — è redatto da un gruppo di cattolici progressisti, favorevoli al nuovo regime. Questo settimanale è diretto da un sacerdote, o piuttosto da un gruppo di quattro o cinque sacerdoti; uno di questi lavora adesso a Parigi; un altro è in Canada e questo è venuto spesso in Italia a tenere conferenze. Gli altri tre sono a Saigon. Devono scrivere quello che viene loro imposto. »

Secondo questo coraggioso anticomunista la signora Binh e gli altri dopo le elezioni del 25 aprile non avranno alcun potere. Il governo provvisorio non esisterà più, vi sarà solo il governo di Hanoi. Pham Hunh amico del primo ministro nord-vietnamita e ministro del governo di Hanoi, è stato inviato al sud appena dopo la caduta di Saigon per dirigere tutto. E tutto questo perché secondo il testamento di Ho Chi Minh il corpo del defunto leader deve essere sepolto nel sud e i suoi seguaci devono realizzare questo sogno; ma non soltanto occupare tutto il Vietnam, ma anche i Paesi vicini, Laos, Cambogia e poi Thailandia, quindi una grande Indocina comunista. Per questo Ho Chi Minh non era un leader del comunismo locale; era stato incaricato dal comunismo internazionale di trattare la questione di tutta l'Asia del Sud. Ora vi sarà un periodo di pausa, ma i guerriglieri si stanno rafforzando nel nord della Thailandia e di questo le elezioni politiche hanno risentito. La gente ha reagito molto bene, dando alla destra e ai militari i due terzi dei seggi. Il presidente uscente aveva condotto una politica di prudenza nei confronti di Hanoi, giungendo a blandire i nord-vietnamiti. Ma il popolo ha rovesciato questa tendenza. Nemmeno il presidente precedente è stato rieletto come deputato.

Gli aiuti al Vietnam del nord - è sempre il nostro interlocutore a parlare - provengono soprattutto dall'Unione Sovietica. Quasi tutti i dirigenti di Hanoi sono filo-sovietici; alcuni componenti del politik-bureau sono filo-cinesi. Noi vietnamiti consideriamo un pericolo molto grosso la Cina. Fino al X secolo il nostro Paese è stato sotto la dominazione cinese, e lo era da mille anni. Conosciamo bene i cinesi...Se mandano alcune divisioni è finita. Sono ottocento milioni e noi ora quarantacinque milioni. Di fronte a loro non siamo niente. L'URSS vuole bloccare l'espansione della Cina; ha bisogno di basi militari. Dopo la seconda guerra mondiale l'America ha sempre tenuto la settima flotta nell'Oceano Pacifico, ma ora gli americani seguono la politica della distensione con la Cina e Pechino può uscire da questo isolamento, ma la Russia non lo può permettere. Perché, secondo l'Unione Sovietica, Ho Chi Minh e tutti i comunisti del Vietnam devono occupare il sud-Asia, non la Cina. Durante la guerra Pechino aiutava Hanoi meno di quanto abbia fatto Mosca. Ho Chi Minh era amico di Mosca. Anche: il generale Giap, ministro della difesa. Inoltre, la Cina aiuta i movimenti di resistenza nel sud e dove vi sono movimenti di resistenza contro la Russia, la Cina interviene.

La Cina aiuta più il Fronte che non Hanoi e Hanoi questo lo sa molto bene. Il Nord Vietnam ha dovuto mandare suoi funzionari per controllare il Fronte. Molti uomini del Fronte si sono uniti alla resistenza.

Quindi, ho domandato, è possibile che la Cina voglia alimentare questa resistenza per impedire che si verifichi l'egemonia del nord su tutta l'Indocina?

« E' esatto questo. Lei sa bene che dopo la caduta di Sihanouck, che si appoggiava alla Cina, il controllo in Cambogia è stato assunto da Samphan, un filo-nord-vietnamita. Sihanouck ha commesso gravi errori, come quello di mandare i suoi soldati ad addestrarsi ad Hanoi e quello di permettere ai nord-vietnamiti di passare perula Cambogia per

attaccare il Vietnam del Sud. La Cina voleva sostenere la posizione dell'ex presidente per bilanciare la situazione, ma Sihanouck ultimamente dovette dimettersi, non volontariamente si intende; ma non aveva altra scelta. E come lui tutti i ministri non comunisti. Samphan è filo-nord-vietnamita e questo vuol dire filo-russo. La politica della Cina verso la Cambogia non so se fallirà o non fallirà, ma so che tramite i Khmer rossi la Cina manda armi e rifornimenti alla resistenza nel Sud-vietnam. E' un poco contraddittorio perché si verifica che i Khmer rossi agiscono contro i loro compagni. Ma geograficamente possiamo capirli. Le terre del Delta del Mekong erano della Cambogia: e il fatto che i Khmer rossi aiutino la resistenza può essere spiegato con la speranza che così agendo un giorno quelle terre potranno tornare alla Cambogia. Nel corso della guerra i Khmer rossi erano avversari del Sud Vietnam non per questioni politiche, ma per ragioni economiche legate alla navigazione sul fiume Mekong ».

* * *

Dopo avere precisato che, come risulta dalla nuova cartina, i nord-vietnamiti hanno rivoluzionato l'assetto amministrativo del sud Vietnam abolendo, ad esempio, la provincia di Bien Hoa dove gli americani avevano installato d'immensa base, e quella di Saigon, il vietnamita ha così risposto ad una domanda relativa alle mire sovietiche sulle basi aeronavali nel Vietnam: « Un fatto che può sembrare curioso è che nel Vietnam del Nord i funzionari stanno studiando l'inglese. Quando l'ho saputo mi sono subito detto, qui stanno preparando qualcosa. Il regime di Hanoi (adesso non si può più dire Vietnam del nord, per loro il Vietnam è uno solo) ha paura sia della Russia sia della Cina; si e rivolto agli americani. E questo perché i nord-vietnamiti non possono avvicinarsi troppo alla Cina o troppo alla Russia senza, offendere l'una o l'altra. Hanno bisogno di un amico più potente in mezzo per bilanciare la loro politica. E si stanno preparando bene, imparando l'inglese e insegnandolo nelle scuole dove vengono formati i quadri politici. Nel Vietnam del Nord al tempo della

*rivoluzione chi parlava francese finiva immediatamente in galera. Per
dimostrare il nazionalismo dei vietnamiti del nord basti questo: i libri di
preghiere dei sacerdoti hanno i segnalibri di diverso colore, rosso e blu. I comunisti vietnamiti dicevano che erano due colorì della bandiera francese e questo
bastava per finire in prigione per tre o quattro giorni. Vi erano matite di due
colori, rosso e blu; i funzionari comunisti dicevano: i colori della matita più
quello della carta, bianco, formano la bandiera francese. E tante altre cose che
voi qui non potete immaginare. Ora verrebbe invece da pensare che tra Hanoi
e Washington vi è qualcosa che comincia a muoversi. Hanoi voleva che gli
americani pagassero i danni di guerra, tre miliardi di dollari, che Nixon aveva
promesso se il Vietnam del Nord avesse firmato l'accordo di Parigi. Hanoi ha
firmato; rispettarlo è un'altra cosa. E ora ad Hanoi non parlano più di danni di
guerra, ma di promesse di aiuti economici dopo il conflitto. Washington ha
risposto « voi non avete adempiuto alle condizioni poste nell'accordo di Parigi,
voi avete mandato l'esercito per occupare il Sud, voi non avete rintracciato tutti
gli americani dispersi; se volete gli aiuti economici dateci notizie di tutti i
dispersi ». Inoltre gli americani aspettano perché vogliono vedere come
si comporterà Hanoi con i Paesi vicini; se con minore o maggiore
aggressività, quale sistema di governo applicherà ora che la guerra è
finita, se cioè proseguirà con l'attuale rigidità o se allenterà un pò i
freni del controllo. Gli americani hanno chiesto sicuramente delle
contropartite. Durante la campagna elettorale gli americani non
possono prendere alcuna decisione. Ma Hanoi aspetta questo aiuto
economico perché la Russia e la Cina forniscono soltanto aiuti militari;
aiuti economici non ne forniscono. Hanoi ha bisogno di almeno
settecento milioni di dollari in un tempo di tre o cinque anni. I Paesi in
grado di fornire questi aiuti sono molto prudenti. Gli americani, da
quanto mi risulta, hanno fatto pervenire soltanto poco più di
duecentomila dollari. Hanoi deve rivedere la sua politica. Dovrà
diventare meno aggressiva, meno prepotente, in attesa degli sviluppi
della situazione internazionale e dei risultati delle elezioni americane.*

Come è noto, è stato il senatore americano progressista McGovern che è andato ad Hanoi per un sondaggio. Se il nuovo presidente americano sarà un progressista... ». In merito ai problemi connessi con la fusione dei due popoli, l'interlocutore ha osservato: « Dal punto di vista etnico dico subito che tra la mentalità della gente del nord e quella del sud vi sono grandi diversità. Al nord sono laboriosi, sono molto preparati politicamente ed economicamente; bisogna riconoscerlo, sono del nord. E questo non lo dico perché io sia del nord, ma perché ho vissuto nel sud. Nel Vietnam del nord si vive vicino a un nemico che rappresenta sempre una minaccia. Dobbiamo essere sempre preparati. Nel sud la vita è molto facile: la terra è immensa, rende molto e per nutrire la gente del nord, Hanoi doveva occupare il sud, il granaio del riso. La Francia non voleva abbandonare il sud perchè vi sono immense piantagioni di cauciù. Al tempo di Diem giunse dal nord un milione di profughi e il governo distribuì ad ogni famiglia tre ettari, ma la terra rimane immensa. Ogni anno le alluvioni del Mekong aumentano la terra coltivabile. In un anno si possono fare tre raccolti di riso. E come può un popolo, in queste condizioni, morire di fame? La gente del sud non pensa all'avvenire. Il sud Vietnam era pieno di ristoranti e di trattorie; crescevano come i funghi. La gente del nord, invece, sa risparmiare, ha molto spirito di sacrificio. Al nord vi è l'amore per la casa, invece nel sud le case sono quasi tutte capanne. Pensano solo al mangiare. Anche questo fatto ha influito sul risultato della guerra. Molto, molto. Hanoi trova molte difficoltà con la gente del sud. Il sud ricevette con molta gentilezza, a suo tempo, i profughi dal nord. Ora la gente del sud è profondamente ostile al nord. I soldati e i funzionari nord-vietnamiti dislocati al sud stanno acquistando i documenti dei profughi del '54 per non essere maltratatti dalla gente locale che li odia. E' una questione di mentalità. Sarà molto difficile conciliare le posizioni. E' anche per questo che gli esponenti del Fronte di liberazione e del Governo provvisorio (ormai decaduto) si trovano in contrasto con Hanoi. Per questo tutta la classe intellettuale del sud deve essere eliminata ».

E lei pensa che lo faranno?
« Lo faranno. Hanno il coraggio di farlo. Abbiamo esperienza di ciò. Il primo governo di coalizione al nord era composto da vari partiti. Dopo un anno solo tutti gli esponenti non comunisti sono stati eliminati segretamente. E' un piano già fissato. Non cambia ».

* * *

Nell'intendimento di meglio chiarire un aspetto politico emerso nel corso del colloquio, ho chiesto al vietnamita: se realmente ritiene possibile una stretta alleanza tra il Fronte di liberazione e la resistenza?
« E' già tutto in atto »— ha risposto l'interlocutore, immediatamente. Inoltre vi sono raggruppamenti anti-comunisti di vari Paesi che aiutano la resistenza. Chissà che un giorno la situazione internazionale non cambi e che si verifichi un conflitto tra Russia e Cina. Infatti noi in Asia abbiamo ancora la Cina e il Giappone e, inoltre, la settima flotta americana, perché gli interessi americani nel Pacifico sono molto grandi. Se gli americani non combatteranno in questo Oceano, tutta l'America del Sud crollerà. Chi controlla l'Oceano Pacifico controlla tutto il mondo. La Russia, per creare una influenza militare nel Pacifico, ha chiesto ad Hanoi il porto di Cam Ren, un porto naturale, dove nessun bombardamento potrebbe danneggiare le navi. Per questo la Francia lo voleva, gli americani pure. I dirigenti di Hanoi sono stati convocati subito a Pechino e i cinesi hanno detto loro di non concedere la base strategica ai russi. Non so quali siano gli ulteriori sviluppi della situazione.
So bene, però, quale saranno gli sviluppi della situazione interna. Abbiamo vissuto sotto il governo comunista. Sappiamo bene che cosa sono le loro promesse. La « terza forza » non esiste più. Alcuni dei suoi esponenti sono costretti ai lavori più. umili. Alcuni dei bonzi

politicamente più impegnati sono in carcere. Ma, come abbiamo detto, anche nel Vietnam la resistenza anticomunista è incominciata."

27. "Proposte"[27]

"Forse l'argomento di questo « pezzo » avrebbe dovuto essere oggetto di una lettera aperta. La crisi della stampa osservata dal punto di vista di un addetto ai lavori potrebbe essere qualificata come una presa di posizione interessata. Ma non è così. Forse proprio per l'origine dell'analisi essa è credibile, almeno nella misura in cui il lettore intenda attribuirvi buona fede. La crisi, è ovvio, ha dimensioni ben più ampie di quelle comunemente accreditabili dal di dentro o dal di fuori. Essa è crisi riflessa dalla generale situazione di confusione e di contraddizione in essere nell'intero Paese. Contrasti di interessi politici e, quindi, economici hanno trasformato l'Italia in un caravanserraglio dove anche i maggiori specialisti dell'analisi politica ed economica stentano ad individuare una via d'uscita che non sia un radicale cambiamento. Altri considerano l'attuale momento una fase della lunga agonia della prima repubblica.

La Stampa riflette questa situazione caotica; ne è lo specchio per certi versi deformante; sotto altra angolatura, ne è il microscopio elettronico.

I costi del lavoro, delle materie prime, della distribuzione, sono certamente aumentati, come in ogni settore della vita economica. L'errore consiste nel pretendere di trovare le soluzioni nell'alveo attuale, adattando un vestito logoro e stretto a nuove congetture, a nuove ipotesi di equilibrio. Sarebbe più logico studiare formule di alternativa, aprendo nuovi orizzonti. Radio e televisioni private fornirebbero ai giornalisti una valida alternativa, aprirebbero al

---

[27] da "L'italiano", Anno XVII- Settembre 1976

problema nuove vie, garantirebbero la pluralità e la libertà dell'informazione, sarebbero, per automatismo, un mezzo di confronto e di scelta, realizzerebbero la democratizzazione del settore oggi troppo legato a direttive rigide, addirittura asfissianti.

Un giornalista professionista - è inutile negarlo o tentare di illudersi che non sia cosi - riesce a trovare una sistemazione dignitosa o soddisfacente, nella maggioranza dei casi, soltanto se è legato a determinati ambienti politici ed economici. La capacità professionale, la dedizione al lavoro, lo studio, la ricerca, lo scrupolo, inteso come approfondimento delle notizie alla individuazione delle intime motivazioni di certi fatti, formano certamente parametri di valutazione in sede di scelta, ma sono del tutto secondari rispetto alla pregiudiziale indicata, assolutamente preminente, addirittura decisiva.

Non vi è da stupirsi, sia ben chiaro. La nostra società è fatta così. Ma questo non vuol dire che sia costruita in maniera intelligente Risponde soltanto ai criteri dell'equilibrio delle forze e degli interessi. E' superfluo rilevare che in un tale contesto si alimentano il servilismo, la piaggeria, l'immobilismo delle idee e la funzione di stimolo di una stampa che, in altri Paesi ad elevato contenuto di democrazia, rappresenta in misura certo superiore a quella verificabile in Italia un punto di riferimento più concreto per la cosiddetta opinione pubblica. Se la stampa scritta è in crisi non lo e soltanto perché i conti economici delle imprese editoriali sono in « rosso », cioè perché i costi di gestione superano i ricavi, o perché i « ricavi » politici stanno per essere negoziati in sede facilmente individuabile. Lo è perché il pubblico che in Italia ha sempre letto poco, attualmente legge ancora di meno e non soltanto per sua abitudine, bensì anche perché i prodotti offerti, salvo rare eccezioni, non sono appetibili, non soddisfano le esigenze del lettore, il quale pretende l'immediatezza, la rapidità, il sarcasmo, l'ironia.

Da questo deriva che si va affermando da un lato la stampa specializzata, dall'altro sta rullando, in attesa di un autentico decollo, la stampa parlata e visualizzata. Il quotidiano non può competere, e non da oggi, con la televisione; alla stampa spetta il commento, la previsione, lo studio, il saggio, la critica, l'elaborazione delle valutazione e, ovviamente, la notizia clamorosa, il fatto del giorno. Non può certo « correre dietro » alla notiziola. Per questo la grande stampa quotidiana crediamo che dovrebbe trasformarsi, affiancando al quotidiano impostato secondo nuovi criteri, una stazione televisiva privata, sostenuta soltanto da pubblicità, da finanziamenti privati, e fatta da giornalisti professionisti.

Se una città come Montreal, tanto per fare un esempio legato al fatto olimpico, può permettersi quattro stazioni private, due di lingua inglese e due di lingua francese e tutte in piena attività, non si vede perchè in Italia, non si possano affrontare le questioni in modo analogo. Almeno venti città italiane sarebbero in condizione di dotarsi di una Compagnia televisiva. Alcune città, come Roma Milano e Torino, potrebbero alimentare anche due Compagnie. Il confronto andrebbe tutto a vantaggio della qualità e dell'utenza.

Il monopolio della RAI-TV ne uscirebbe adeguatamente ridimensionato e, di fatto, svuotato di tutti i contenuti più o meno chiari che attualmente lo rendono soltanto uno strumento di potere. Le varie stazioni televisive non dovrebbero avere necessariamente, tutte, un indirizzo politico nel senso comunemente inteso. Stazioni televisive che dedicassero ampio spazio allo spettacolo nelle sue varie forme, alla pubblicità e a brevi notiziari, essenziali, ma non preminenti nell'economia della diffusione, avrebbero un forte indice di spettatori. Altre stazioni specializzate ad esempio, in trasmissioni sportive o di altro settore potrebbero senza eccessive difficoltà trovare la loro collocazione nel vasto mercato. Tutto ciò ovviamente è nel campo delle considerazioni, dal momento che una legislazione in tal senso provocherebbe una paralisi delle iniziative. All'origine vi è la valutazione della televisione e della radio come strumento di controllo, come terreno per la suddivisione del potere e della spartizione dei proventi della pubblicità. Una torta troppo allettante perché gli attuali divoratori siano disposti a riconsegnarla al mercato.

Alla base di tutto, in altri termini, vi è il trust. Il che in termini più espliciti è il rigido controllo dei mezzi dell'informazione da parte di gruppi di potere che, ad alto livello, manovrano le file di tutto, decidendo concentrazioni, liquidazioni, licenziamenti e assunzioni.

Vi è da stupirsi quando i commentatori della televisione di Stato scoprono che una impresa editoriale del settore giornalistico dovrebbe trovare all'interno della sua gestione gli strumenti economici, i famosi fattori della produzione, e la molla dell'autofinanziamento in misura quasi soddisfacente se non proprio totale, trovando il resto nella pubblicità. E' un ritorno clamoroso al concetto di creazione della ricchezza da reinvestire, cioè al profitto inteso nella sua accezione più classica, quella del compenso remunerativo del costo configurato come insieme di spese e dell'interesse figurativo del capitale investito. Da questo discende automaticamente che aziende al di fuori di questa cornice dovrebbero essere destinate alla liquidazione. Se la conclusione appare logica, è soltanto perchè è all'origine dell'impostazione che risiede l'errore.

Come è possibile raggiungere risultati soddisfacenti se nella realtà dei fatti non vi è possibilità di concorrenza? La molla nel contesto attuale non è certo la dilatazione delle vendite e quindi il miglioramento della qualità per « catturare » lettori o ascoltatori e, quindi, committenti nel settore della pubblicità. La molla è soltanto il controllo delle macchine da scrivere e dei microfoni ed è un controllo discreto, morbido nella forma, ma rigido nella sostanza. Il resto è solo demagogia.

La crisi discende in sostanza da confronti in essere in settori del tutto diversi da quello della Stampa, la quale dovrebbe avere, in ogni caso, una funzione sociale nel massimo rispetto della libertà di opinione e di espressione.

Abbattere le barriere entro le quali per troppo tempo è stata costretta la « organizzazione » dell'informazione potrebbe significare far compiere un balzo in avanti non soltanto all'aspetto qualitativo del comparto, ma anche ampliare lo specifico mercato del lavoro sia sotto il punto di vista operativo, sia sotto quello tecnico-industriale. La mobilità del lavoro diverrebbe un fatto concreto e anche se non si riuscisse del tutto, come non si potrebbe riuscire, a scongiurare la strumentalizzazione, vi sarebbe il grosso vantaggio di costituire un fronte articolato nel quale certe forme esasperate verrebbero diluite, rese meno parossistiche, ricondotte nella dimensione ortodossa.

Le gerarchie dei valori sarebbero rivitalizzate dalla necessità di fronteggiare la concorrenza, sarebbe rilanciato il concetto della creazione delle « firme », le quali si costruiscono col tempo, con l'offerta di opportunità, con l'accettazione di idee nuove e con la loro discussione in dibattiti non improntati al concetto « del mitra sotto il tavolo ».

E questo consentirebbe con il supporto di un credito agevolato la costituzione di società tra giornalisti i quali, essendo dei professionisti, dovrebbero avere la possibilità di costituire imprese ad hoc, affrontandone i rischi e gli impegni.

Si tratta, in ultima analisi, di avviare un processo nel quale alle vecchie concezioni sotto certi aspetti protezionistiche siano sostituiti nuovi principi giuridici e operativi, nuovi disegni economici, nuova funzione alla Stampa in ogni sua forma. Sempre i commentatori della televisione di Stato hanno tenuto a sottolineare, quasi a voler trovare una giustificazione alla crisi della Stampa italiana, quanto segue: a New York una decina di anni fa vi erano undici quotidiani; oggi ve ne sono tre. Hanno dimenticato di precisare che vi sono svariate stazioni televisive che dieci anni fa erano nella mente dei loro realizzatori. La differenza è tutta in questa equazione."

28. "Budapest 1976"[28]

"Vent'anni fa la rivolta di Budapest riportò l'Europa nel clima ottocentesco delle ribellioni contro il potere assolutista di sovrani ancorati a concezioni repressive del potere, a un ordine gerarchico per certi versi ancora medievale. A Budapest si verificò l'ultima autentica rivoluzione popolare, nel senso che lo spirito di Petoefi, l'immagine degli studenti sulle barricate, l'anelito di libertà, la spontanea opposizione verso tutto ciò che rappresentava il nuovo « ordine », instaurato dai carri armati sovietici e dallo ossessivo controllo del partito comunista, simboleggiavano le componenti di una vicenda

[28] Da "L'italiano"- Anno XVII- Novembre 1976

tradizionale, antica come la storia dell'uomo e per questo autentica, vibrante, destinata a rimanere incisa nell'animo di chi la visse sia pure attraverso le cronache e le testimonianze.

Oggi gli storici sono quasi tutti concordi nell'ammettere che la repressione ordinata da Kruscev abbia provocato ventimila morti. Da allora, all'est vi sono state altre manifestazioni disperate e destinate al suicidio, eppure nessuna, nemmeno l'invasione della Cecoslovacchia, ha saputo dare una scossa autentica all'Europa immersa nel cloroformio del consumismo, della rincorsa ad un benessere fittizio, dissoltosi, poi, nei fumi dell'inflazione, del vuoto ideologico, nel mercantilismo, nell'egoismo, nell'inutile verbosità, scambiata per libertà di espressione.

Nessuno dei grandi paladini delle libertà occidentali ha saputo scrivere una pagina che rappresentasse un punto di riferimento per le nuove generazioni, partendo dal significato autentico della rivolta ungherese. Eppure, per usare un linguaggio cinico del tutto affrancato dal pericolo della bolsa retorica, gli ingredienti non mancavano. Il coro di invocazioni dei giovani asseragliati nelle cantine di Buda e di Pest (invocazioni lanciate attraverso l'etere da trasmittenti improvvisate, flebili come la voce di un agonizzante), gli appelli lancinanti per la richiesta di aiuti, la passionalità e la fede che animava quei giovani, quei lavoratori, quelle donne e quei ragazzi, sullo sfondo delle brume di un paesaggio autunnale reso plumbeo dalla caligine, nella quale si mascheravano come mostri antidiluviani i mastodontici carri che tutto spazzavano e tutto spianavano sparando ad alzo zero mentre le mitragliatrici fendevano l'aria miagolando, non sono stati usati per la formazione di alcun soggetto cinematografico.

E poi la fuga degli scampati, le esecuzioni sommarie, i processi, le impiccagioni, una sorta di ritorno di antichi fantasmi, un attimo in cui mancarono la voce di un Carducci, il genio di D'Annunzio, ma non le vittime che un tempo si chiamavano martiri.

A Budapest si consumò, in una pira immane, l'angoscia di una Europa destinata a soccombere perché non aveva capito di essere fuori del tempo. Nessuno, o pochissimi, ha saputo vedere in quella rivolta la scintilla di una nuova età, la prima pietra di una nuova fase del processo di ricerca, di formazione di una nuova letteratura, di una nuova dimensione. All'epoca l'idiozia inglese non seppe comprendere Nasser, mentre gli americani barattarono l'Europa con il petrolio e da allora la storia ha preso a camminare su binari diversi, del tutto innaturali e i risultati sono davanti a noi, indiscutibili nella loro eloquenza, terrificanti nelle loro proiezioni. Da Budapest, attraverso la Cecoslovacchia, la Polonia e i Paesi baltici, sino a Helsinki, sempre nella matrice di Yalta.

La problematica dell'Europa occidentale si ferma alle rievocazioni, alla oleografia, all'immagine ad effetto. Le poche pubblicazioni sulla vicenda sono materiale per addetti ai lavori, per cultori, per nostalgici. I sopravvissuti sono sparsi nel mondo, Francia, Canada, Stati Uniti, Australia, qualcuno in Italia, nuova generazione di esuli nella ripetizione della storia che non ha più nulla da inventare perché gli uomini hanno fatto un grande compromesso; hanno, nella stragrande maggioranza, venduto la loro spiritualità creativa al prezzo fallimentare della finzione, al mercato delle illusioni, alla bancarella delle tre carte.

L'analisi storica è stata dichiarata in liquidazione e le rare isole di vitalità, quelle ancora in grado di trasmettere qualcosa alle nuove generazioni, assetate di verità autentica, di motivi di meditazione, di ideali, di logica e non di contrattazioni condotte a termine con la contropartita di una sistemazione qualsiasi, si sono piegate su se stesse, nell'inutile azione del ricordo".

29." Appunti di viaggio"[29]

" Il contatto diretto con la realtà in rapida evoluzione e con la sorgente dei problemi economici e sociali rimane, anche nel pieno della civiltà tecnologica, la forma più genuina di acquisizione delle notizie, di percezione della cosiddetta opinione pubblica, dei suoi umori, del suo grado di residua malleabilità e del suo spirito di sopportazione.

[29] da "L'italiano"- Anno XVIII- Gennaio 1977

E' la conclusione suggerita da un lungo viaggio nel nord-est del nostro Paese: dall'Emilia ai confini con l'Austria, attraverso città come Ravenna, Ferrara, Bologna, Padova, Verona, Vicenza, Venezia ecc. Il prologo è stata una sosta in Abruzzo e una breve, ma sostanziosa, puntata nelle Marche.

Ovunque, sia pure a livelli diversi, una sorta di rassegnazione, cupa in Abruzzo, lievemente polemica nelle Marche, quasi rabbiosa in certe città del Veneto, mentre in Emilia i punti di vista si sono rivelati antitetici a seconda dell'origine « politica » delle considerazioni. E' il caso di soffermarsi sui colloqui avuti, sulle dichiarazioni di alcuni personaggi caratteristici. Ad esempio il dialogo con il custode di un castello abbandonato nei pressi di Bologna, sul lato dell'Appennino, in direzione di Firenze. L'uomo, anziano, ma lucido, saggio come possono esserlo individui che hanno trascorso la vita a osservare, ad attendere senza illusioni la fine di certe vicende, ha raccontato tanti fatti: ha parlato delle campagne abbandonate, dell'incredibile aumento degli impiegati comunali in certi municipi delle valli appenniniche, delle truffe delle licenze edilizie, della mancanza di buon senso di certi amministratori e ha sottolineato in maniera vigorosa, anche se formalmente corretta, il suo disprezzo verso gli intellettuali, verso coloro i quali ritengono che lo studio sia una forma di liberazione dal bisogno e un mezzo per elevarsi socialmente. L'uomo ha detto senza tanti preamboli che gli studiosi, come li ha definiti, servono soltanto nel contesto di una società dove il lavoro manuale e delle macchine sia una cosa seria, dove il lavoro dei campi abbia il suo ruolo fondamentale. Altrimenti, ha concluso, che cosa si mangia?

Un operatore economico di Urbino, un vecchio amico, ha invece delineato nel corso di una chiaccherata notturna, cadenzata dai rintocchi del vecchio orologio della cittadina medievale, la situazione politico-economica della località turistica. Il comune sistema con estrema facilità quanti siano disposti ad acquistare la tessera del partito comunista; vi è una sorda e minuziosa lotta contro gli operatori privati; si tenta di trasformare la città in una specie di zona franca per l'azione di gruppi decisi a costruire una specie di « oasi » della cultura marxista, spazzando via i residui di una concezione « superata » della vita e dei modi di intendere la cultura.

Le aziende agricole sono abbandonate; non si trovano contadini disposti a raccogliere la frutta, e via di questo passo. Vecchi discorsi, diagnosi sin troppo note. E intanto si importano uova, pollame, vino, dolciumi ecc. Per non parlare di agrumi e di altri prodotti dei quali, un tempo, eravamo quasi i monopolisti. Ma soprattutto, è stato osservato, si va diffondendo una pericolosa malattia: il ripudio delle libere professioni, dell'artigianato, del piccolo commercio, attività che nei centri minori della nostra provincia potrebbero, se ben regolamentate e protette, rappresentare fonti di reddito non indifferenti. In termini più espliciti, vi è la fuga dalla libera iniziativa, la propensione al lavoro subordinato, con la certezza dello stipendio, dell'assistenza. E questo significa perdita di fantasia, di spirito di iniziativa; lavoro freddo e poco produttivo; distacco dalla partecipazione intellettuale e psicologica con il lavoro; sterile routine; sostanziale improduttività; anticamera della miseria.

Un imprenditore di Bologna, del settore edile, si è trasferito recentemente, armi e bagagli, nell'Arabia Saudita dove sta sorgendo una « colonia » italiana numerosa, in considerazione degli ottimi affari che si possono portare a termine e delle concrete prospettive di lavoro ben remunerato. Sulla sua scia altri si sono portati nella zona: un armatore che operava con chiatte a Chioggia e a Venezia, alcuni trasportatori, una azienda di lavori stradali. Il tutto al seguito di una grossa impresa che ha vinto un appalto, per la costruzione stradale. Un lavoro di non meno di quattro anni. « I sauditi sono passati dal cammello al Jumbo », « Li pagano in dollari », « Si può affittare un camion nel porto di Gedda per ottantacinquemila lire all'ora perché le navi che devono scaricare aspettano anche due mesi e quindi lavoro ce n'è a volontà ».

« Certo il clima è quello che è, la situazione generale nella quale operare non è delle migliori, ma si lavora e si costruisce qualcosa. E poi c'è la fiducia ».

Ma le parole che più di tutte hanno rappresentato un motivo di meditazione, una specie di onda d'urto, sono state quelle di un albergatore della Val Pusteria. A San Candido, a un palmo dall'Austria vi è un Albergo che ha ospitato gli imperatori asburgici. Metternich e tanti altri personaggi dell'epoca e anche di quelle precedenti. Infatti venne costruito alla metà del cinquecento o giù di lì. Il proprietario non ha fatto mistero della sua profonda preoccupazione, del sostanziale pessimismo e disprezzo per quello che ha definito l'avventurismo della classe dirigente e la sostanziale irresponsabilità di certi ambienti finanziari ad alto livello.

« Noi siamo diversi » ha esclamato mentre un lampo di fierezza e di disgusto gli passava nello sguardo. Non era il caso di replicare non foss'altro perché il discorso sarebbe dovuto partire da altre premesse. Resta il fatto che persone non certo ostili all'Italia e non inquinate da nostalgismi sud-tirolesi hanno lasciato chiaramente capire che se le cose, alla latitudine di Roma, dovessero imboccare la strada senza ritorno, non esiterebbero a sollecitare un referendum per una autonomia molto simile all'indipendenza se non addirittura per una formale richiesta di annessione all'Austria. Fantasie, fantapolitica, ridicolaggini? Forse. Chi lo ha detto era molto serio, autorevole e non portato all'arte dell'umorismo.

Nel trasferimento da una località all'altra, nelle brevi pause di riposo e di sosta, tornava alla memoria la spietata analisi di quell'economista inglese che anni fa ebbe a scrivere che la nostra industria era a livello medioevale.

Non è valso a nulla tentare di spiegare che il confronto aveva lati deboli. « Manca senso del limite, non sappiamo mettere giù la testa e lavorare ». Eppure a Verona, a piazza Brà, i caffè erano colmi di gente, i ristoranti avevano pochi tavoli liberi, le moto sfrecciavano e lo sfolgorio di luci era una sfida all'austerità. Analogamente a Padova e nelle altre città visitate dopo anni di lontananza. Mutamenti? Profondi. Sfrontatezza, disordine, aggressività, prepotenza. E prezzi alle stelle. Il ristorante che poco più dì dieci anni fa serviva un pasto a millecinquecento lire, oggi ne vuole cinque volte tante.

Non si è scoperto nulla, d'accordo.

Si è notato, tuttavia, una Italia diversa, con una pelle diversa, senza dubbio peggiore. Un Paese dove non è possibili pensare, dove diventa difficile vivere, progettare, realizzare. E tutto ciò per la semplice ragione che i profeti della civiltà dei consumi si sono accorti con un pò

*di ritardo e non per ingenuità, che non è possibile cavalcare il cane a
sei zampe a centoventi all'ora e dopo dire che si era trattato di uno
scherzo. E ora tentano di correre ai ripari dopo che si sono arricchiti e
hanno depositato i capitali all'estero.*

*Ed è davvero commovente udire giornalisti di regime dissertanti alla
radio sul fatto che non è scritto da nessuna parte che tutti i giovani
debbono andare all'università, che il lavoro tecnico è altamente
dignitoso e appetibile, che in questo Paese, in certi casi, la
disoccupazione è un falso problema dal momento che per gli operai
specializzati vi sarebbero molte possibilità di impiego, anche se
purtroppo gli specializzati non sono disponibili, mentre lo sono e in
sovrannumero i dottori in legge, i maestri ecc.*

*E queste bazzecole a chi sono imputabili se non a una classe
dirigente che da trent'anni gestisce (?) il potere?*

Constatazioni, soltanto constatazioni. E il viaggio ha termine.

*L'ultima visita è riservata a Ravenna, a Sant'Apollinare in Classe, al
freddo e stupendo fascino dei suoi mosaici, al messaggio di un tempo
misterioso e oscuro, che fa meditare; magari per cercare di individuare
lo sbocco di una situazione come quella attuale che ha tutti i contorni
dell'oscurantismo, dell'aridità, per non dire del materialismo. Mentre
l'Adriatica si immerge nel sud ci viene incontro una casupola
semidiroccata ai lati della statale. In alto, verso il tetto, si scorge in
parte uno slogan del vecchio regime: « Un popolo che abbandona la
terra è destinato... E' solo cronaca. Niente altro.*

*In termini secchi, e senza alcuna pietà, il racconto torna nelle
responsabilità dell'autore.*

*Il pellegrinaggio nel passato, entro i confini brutali della verità,
l'ispirazione si inaridisce.*

*Bisogna riconoscere che la gente di una qualsivoglia terra di questo
pianeta, deve innanzi tutto, accertare quali siano le risorse del
territorio, acqua, prima di tutto. "*

***

Quali le ragioni di ripercorrere il cammino svolto nelle pagine de l'ITALIANO'?

In tutta franchezza non sussiste una ragione specifica, probabilmente, scattò un desiderio, inconscio, di verità. Si volle fortemente scavare entro me stesso e dare risposte a una serie di domande disordinate e caotiche, create da quanto avevo dovuto subire negli anni, senza avere il buon senso di riflettere, di meditare e di mettere ordine nel caos che turbinava nella mente, a seguito delle percosse. Ancora oggi, a tanti, tanti anni di distanza, non riesco ad esaminare i contorni di quel periodo, con il dovuto, indispensabile, distacco.

Quello che stupisce è l'attualità, la freschezza temporale delle immagini riguardanti quelle esperienze, la chiarezza dei suoni e delle parole, degli insulti, delle minacce, delle maledizioni che condivano lo svolgersi delle <punizioni>…ancora mi percuotono la mente…

Mi rendo perfettamente conto che a nessuno interessa quanto mi accadde, nessuno critica, condanna, lacrima, soffre idealmente per un bimbo, per un ragazzetto trattato in quel modo orrendo.

Ma anche se mi dico di non voler rivedere nella mente quel che mi accadde, questo succede e io subisco il potere dei ricordi , il susseguirsi delle immagini scolpite nella mente.

E so che può rompere le palle al prossimo… allora, in forza della regola numero uno della mia esistenza (<non disturbare>), mi chiudo vieppiù in me stesso, mi allontano da tutto e da tutti e mi immergo nell'isolamento più profondo. Talora prego, non per umiltà, non per devozione, ma senza neppur rendermene conto. Invoco aiuto, supplico di farmi morire , per chiudere, una volta per tutte, la questione…

Non essendo vigliacco, non mi pianto una pallottola nel cranio… darei troppo fastidio, il sangue dappertutto, il disordine creato dal cadere morto, e via dicendo…l'indispensabile accorrere di estranei per asportare il cadavere, forse…il sorgere inevitabile della presenza di autorità di polizia per accertare che si sia trattato, effettivamente, di suicidio (ti pare non vi sia il supporto di una indagine e di una autopsia?). <(hai scritta tu la sceneggiatura?)>.

Senza considerare i commenti, le maldicenze, le interpretazioni, macchinose e naturalmente inzuppate di insinuazioni, retroscena, sospetti?? alimentati da quanti non consideravano positivamente il soggetto?!>.

Ma, poi, vuoi dirmi: chi ti amava?
Sono invece sicuro, da parte mia, di poterti dire chi amavo io, o chi avevo amato nell'assurda, incredibile vita vera....??
Non mia madre, no, che temevo, non mio padre, che non conoscevo: un estraneo che ogni tanto lo si incontrava negli ampi corridoi, o sulle scale e occupava il bagno e stava 'acapotavola', sovente colpendomi alla nuca, il volto deformato da un ghigno, in modo che il mio viso sbattesse sulla fondina, ovviamente spezzandola, oppure dicesse, con il tono autoritario di chi sa di non dover subire rappresaglia, sovrastando in forza fisica, l'oggetto delle sue critiche e prepotenze:<Togliti la sedia e… mangia in piedi>.
Amavo il mio cane, il grosso Book, nome attribuitogli da Dino Bolis, da poco rientrato in Italia dalla prigionia e ormai pronto a lasciarla, per trasferirsi, definitivamente negli Stati Uniti, e a cui, Dino, quel signore che diceva essere mio padre, aveva dato l'orologio da polso, un cronografo, che mi era stato donato qualche giorno prima, su, al Santuario della Madonna della Torre, in occasione della mia prima comunione; c'era ancora la guerra e proprio all'uscita dalla chiesetta, guardai in alto e vidi una formazione di quadrimotori, argentei, sicuramente americani, che volavano in direzione della Germania meridionale, o, forse, l'Austria sud orientale, come mi avevano spiegato i giovanotti più grandi, quelli che si fermavano a parlare e a fumare, vicino al bar prima delle discese verso il ponte e l'altra parte del paese, seguendo la via Caloandro Baroni, uno della famiglia, che aveva partecipato alle cinque giornate di Milano, alla difesa di Roma nel 1849, e, con il grado di Maggiore, comandava un battaglione dei bersaglieri di Luciano Manara e, dopo essersi rifugiato in Piemonte, aveva scritto anche un libro, sui Lombardi nelle guerre dell'Indipendenza del XIX secolo[30].

---

[30] Caloandro Baroni- autore di "Lombardi nelle Guerre Italiane 1848-1849", Lavoro che ebbe l'onore di cinque edizioni, e una delle iniziative che questo personaggio ebbe nella sua intensa

A proposito delle persone che amavo o avevo amato, non devo dimenticare Fanny, mia moglie, adorata, scomparsa dopo oltre cinquantun' anni di matrimonio.

Infine, un grande affetto avevo nutrito, per una mia segretaria, che non avevo mai sfiorata neppure con un dito. Una bellissima donna romena. Dopo alcuni anni di solitudine, vivendo nella memoria di Fanny, sposai Gabriella. Matrimonio civile, più che altro una convivenza. Ero alle soglie degli ottanta anni, in pensione, da tempo dalla RAI, e ormai spento e con qualche fastidio di salute.

$$***$$

Con il solito metodo, asettico e distaccato, quasi affrontasse un argomento neutro, vuoto, riguardante una vicenda lontana qualche migliaio d' anni luce, il televideo della RAI ha dato la notizia della scomparsa di Marino Perani, splendida ala del Bologna, campione d'Italia del 1964.

Avevamo giocato insieme anni prima nel campionato degli allievi, indossando il nerazzurro dell'Atalanta.

---

vita: sintetizzando- diede vita al Giornale Politico " Libera parola", che pubblicò dal 1858 al 1862. Inoltre, egli fondo il "Commercio italiano", il primo pregevole periodico economico-commerciale italiano che ebbe 14 anni di vita. Inoltre, egli si dedicò con perizia e successo alla sericoltura, e nel 1865 scrisse un libro di 300 pagine, nel quale illustrava "le nozioni di allevamento e acclimatazioni del baco del Giappone in Italia". Fu il primo ad importare, appunto dal Giappone, la semente dei filugelli. Caloandro Baroni impiantò a Cavour (nei pressi di Torino) uno stabilimento per la trattura e la filatura della seta: ove, per molti anni trovarono lavoro oltre 200 operai. Il personaggio ebbe stima e affezione di suoi antichi compagni d'arme, tra i quali il Colonello Tulio Marchetti, che ne ricordò le gesta nel suo scritto " Fatti, Uomini e cose delle Giudicarie nel Risorgimento 1848-1918", pubblicato a Trento nel 1926, dove l'autore, riporta pure il ritratto del valoroso, rapito da inesorabile morbo nel 1884. La famiglia di Caloandro conservava alcune preziose testimonianze: autografi di Nino Bixio, Luciano Manara, Giuseppe Garibaldi e del Farini, Dittatore della Toscana, cui Caloandro Baroni aveva chiesto di essere arruolato nella Guerra del 1859. I cimeli di cui sopra e altri documenti furono requisiti dai musei del Risorgimento di Roma e di Milano.
Questi particolari vennero alla mente dell'inviato mentre nel Settembre del 1991, era in navigazione da Trieste verso l'Albania con i reparti dell'esercito Italiano al comando del Generale Antonio Quintana, per portare aiuti alimentari e sanitari alla popolazione albanese all'indomani della caduta del regime del dittatore Hoxa.

Confesso che la notizia mi ha colpito profondamente. Avevo giocato con Marino, nelle giovanili dell'Atalanta. Un rapporto semplice senza tanti sberleffi e sfottò, tipici dell'ambiente che pur essendo bergamasco, quindi in certo senso rozzo e aspro pur nelle manifestazioni di cordialità e di ammirazione, spontanee nelle manifestazioni di sentimenti di simpatia e che mascheravano ammirazione e amicizia era genuino, forse frenato da una intima ritrosia nel dove mettere in evidenza sentimenti riservati e parte dell'intima sensibilità, che difficilmente a quella latitudine, in mezzo a quelle montagne e nelle pianure limitrofe, così come nelle valli, si esprimeva liberamente. Riservato, di poche parole, ma cortese, forse con un pizzico di timidezza Marino esprimeva tecnicamente la sua abilità: dribbling secco, tiro fulminante, palleggio elegante, dominava lo spazio di campo ad esso affidato e, accadde varie volte con me, quando lo scambio veloce aveva successo e tagliava fuori uno o due difensori aprendo un corridoio di fuga verso la porta avversaria, Marino esprimeva approvazione e complimento con un gesto sbarazzino della mano o con un sorriso. Poi a fine tempo o partita, mentre si tornava allo spogliatoio si accostava casualmente e con un colpo di mano sulla spalla diceva a bassa voce, buono…

In seguito io dovetti lasciare, per l'intervento di mia madre, contraria alla mia passione per il calcio. Indusse l'Atalanta a cedermi a un squadra minore vicina al paese dove abitavo e alla fine smisi di giocare abbandonando con dolore l'ambiente che invece mi dava tanta gioia e soddisfazione. Non mi rimase che ammirare da lontano le imprese dei miei ex compagni di squadra: Lenuzza, Janich, Corsini, Longoni e appunto Perani, ma da lontano, ormai estraneo, con il cuore stretto nell'amarezza e nel dispiacere.

La scomparsa di Marino Perani, a parte il dolore provato e le lacrime versate , apriva uno squarcio della mia adolescenza, riportando in prima linea una pagina importante della mia vita. Ma immediatamente la gettai via. Non volevo indugiare e ripercorrere gli episodi, alcuni dolorosi, l'amarezza delle rinunce, il peso delle occasioni perdute, la disperazione nel chiudere in un baule gli scarpini, la maglia numero sette. Tenni solo una fotografia della squadra e la tengo tutt'ora. Dove sarei potuto arrivare'? Non lo so e non mi interessa, giocavo per passione e mi sentivo libero. La libertà, il mio sogno. Sono diventato un giornalista, un inviato speciale e di guerra, forse anche uno scrittore. Ho scritto e pubblicato oltre quaranta libri, e ne sto scrivendo un altro, sicuramente l'ultimo, se riuscirò terminarlo. Ma accade che certe notti, quando l'insonnia prevale e i pensieri corrono lungo le valli della memoria e incontrano il passato che non ha perduto nulla della sua attualità e verità, mi è dato di vedere momenti delle partite giocate, e rivedo i miei compagni di squadra, e quelli delle squadre avversarie, ricordo alcuni nomi…e il tutto si confonde con altre visioni, le navi da guerra su cui sono imbarcato, il deserto dell'Arabia, il Golfo Persico, l'Oceano Indiano, il passaggio a bassa quota dei cacciabombardieri della NATO, gli ordini del comandante, la mia preoccupazione di ricordare quanto accaduto per poi riferirlo nei servizi trasmessi con la mia voce, dalla radio dell'unità e il contatto con lo studio del <giornale Radio Uno e Due>, lontani oltre seimila chilometri.

Adesso prevaleva l'inviato speciale, il giornalista. I tecnici dello studio avevano predisposto il tutto per ricevere il <pezzo> che poi sarebbe stato trasmesso nel giornale radio. Piccola prova di voce e, dopo l'OK del tecnico, sarebbe partita la mia voce, sino al termine del testo, che chiudeva con il classico, Piero Baroni, Nave Garibaldi, Acque di Mogadiscio.

Vi era un attimo di indecisione prima della chiusura, quasi non si volesse tagliare il legame con Roma, cui si era trasmessa una lacrima di vita operativa della squadra navale oppure, quando era possibile, uno scorcio di ciò che avveniva a terra, da parte dei Fucilieri del Battaglione San Marco: pattugliamenti, rastrellamenti in aree a rischio, protezione…o divagazioni, misurate entro i confini preconfigurati degli appunti di viaggio; mezzo innocente, all'apparenza, ma mezzo efficace per trasmettere notizie cifrate.

Secondo alcuni, gli appunti di viaggio erano soltanto delle divagazioni abbastanza puerili, in alcuni casi divertenti e sicuramente idonee a distrarre la mente dal lavoro diuturno, cadenzaro spesso dalle esplosioni improvvise dei colpi di mortaio diretti sulle piste dell'aeroporto dove erano parcheggiati alcuni velivoli da trasporto, che, in presenza di un rischio costante, vennero, in seguito, trasferiti a

Nairobi, in Kenya. L'isolamento reso così evidente, agì negativamente sul morale della truppa.

Un breve consulto, da parte degli ufficiali ebbe quale risultato, la continuazione della pubblicazione degli appunti…

***

Una delle regole seguite impone un costante sforzo d'immaginazione: la lettura del passato nelle interpretazioni di vari autori, in modo da potere avere un panorama il più completo e corretto possibile, al di fuori delle interpretazioni settarie. Ci si immerge nel passato e si ascoltano i lamenti, le speranze, le illusioni e il realismo acido, d'un tempo ove il presente è appena delineato e la realtà diviene storia, rendendosi conto che quei fatti, quelle azioni, quelle realtà fissate nelle pagine d'oggi, sono soltanto memorie gravide di lacrime, di paura, di terrore.

Persino le citazioni, ritenute originali, quali parole dei personaggi primari, hanno l'eco della bugia, e solo eventuali notazioni virgolettate, attribuite ai protagonisti d'allora, trovano consistenza, se il ricercatore ha svolto correttamente la sua ricerca.

Prevale su ogni altra reazione, il tono della descrizione e il ritratto verbale dell'autore, muta ad ogni diversa lettura. Permane il nulla di una sorda interpretazione e allora la fantasia del lettore tenta di interporsi per dare corpo ad una realtà che si può scorgere solo componendo e scomponendo in fattori le varie descrizioni trovate, eliminando il superfluo, lasciando in essere solo ciò che l'istinto suggerisce essere il vacuo riflesso di una verità evanescente.

Si trova aiuto, talora, nel porre, per quanto possibile, l'insieme delle descrizioni, nel terreno del tempo che fu, ciò richiede di recarsi nel luogo, trapiantando in tale quadro le varie forme del racconto, tentando di vedere se vi sia un qualche riscontro e magari un collegamento tra ciò che fu e ciò che si può notare ora. Sovente è solo illusione, misera immagine di un passato assolutamente irripetibile e puramente sognato.

Non si permette neppure un minimo di pietà, un angolo di verità, una sfumatura di umanità.

La storia è arida, gelida.

Non so a chi sia venuto in mente di trattare l'argomento relativo all'attività della Marina Militare in questo periodo, complicato e subdolo, nel quale l'Italia era coinvolta nel quadro complessivo della NATO nell'area del Golfo Persico. Sta di fatto che mi trovai coinvolto, inizialmente mio malgrado, solo a seguito dei miei rapporti con la Forza Armata e con i precedenti familiari: il personaggio di riferimento, appresi più avanti, era il Comandante Enrico Baroni, medaglia d'oro al valor militare. Cercai di documentarmi, ma non fu semplice. Ricordavo, vagamente, che molti anni prima (1977), salii a bordo dell'Incrociatore V. Veneto (nave portaelicotteri) e due anni prima, ebbi la ventura di navigare su Nave Libeccio, fregata anti\som. Tipo di fregata plurimpiego derivato dalla classe Lupo, dotato di radar per scoperta lontana.

Cominciava cosi, la mia lunga (ultra ventennale) collaborazione con la Marina Militare, con la quale i rapporti e le frequentazioni costituirono la parte rilevante della mia azione di inviato speciale.

Nel 1977, un imbarco di grande importanza fu quello sull'Incrociatore portaaeromobili Giuseppe Garibaldi, che doveva essere considerato la prima portaerei della Marina Militare Italiana, dotata di velivoli a decollo corto e verticale, trasformando una Forza Armata di modesta entità in uno strumento tattico di rilievo nel quadro della presenza NATO nel Mediterraneo.

Ulteriore esperienza (con trasmissioni da bordo al giornale radio della RAI – Radiotelevisione Italiana), ebbi modo di perfezionare a bordo di nave *Audace*, un elegante e aggressivo cacciatorpediniere (dislocamento 6000 tonnellate), che, con il gemello *Ardito*, formava un binomio estremamente valido di forza navale, facendo leva, ognuno, su due cannoni a tiro rapido (pezzi da 127\54), due elicotteri, un lancia missili, un equipaggio di 380 uomini, di cui 30 ufficiali.

Nel programma di ammodernamento della Forza Armata, vi era la progettazione e la costruzione di un nuovo tipo di fregata plurimpiego, derivato dalla classe Lupo. Unità, quest'ultima, sulla quale sarei imbarcato più volte, come pure su altre gemelle: Nave Maestrale, Nave Scirocco, Nave Zeffiro, Nave Sagittario, Nave Perseo, Nave Orsa e la già citata Nave Libeccio.

La mia presenza a bordo della Flotta divenne rapidamente una consuetudine. Nel gennaio del 1990, salii a bordo di Nave San Marco, unità con la quale partecipai a numerose missioni, anche con un elevato rischio bellico: segnalo subito che su Nave San Marco partecipai alla Prima Guerra del Golfo Persico nell'anno 1991.

In questo teatro operativo, presi parte a svariati pattugliamenti notturni a bordo di elicotteri, dopo aver firmato una dichiarazione che liberava la Marina da ogni responsabilità in presenza di eventuali incidenti. Il tutto, senza coinvolgere la RAI, ma soltanto per realizzare servizi- per i vari G.R., che dovevo informare in voce con pezzi di poco meno di due minuti primi.

Vivendo in prima persona tali avvenimenti, ero più che mai convinto che sarebbe stato utile disporre di più tempo radiofonico, per far vivere agli ascoltatori la realtà di quelle operazioni: *briefing*, decollo, collegamenti radio tra comando operazioni e gli equipaggi, termine del pattugliamento, ritorno a bordo, le fasi degli appontaggi, il *briefing* conclusivo della missione e il contatto con il comando del Gruppo Navale, esattamente del XXV° Gruppo Navale, il primo al quale fui autorizzato – dal Comandante del Gruppo stesso- a prendere parte, indossando giubbotto anti-proiettile, elmetto, ed essendo in costante contatto uditivo con il Comandante dell'aeromobile e assorbendo il più possibile tutte le sensazioni scaturite dalla missione: il fascino del buio, la visione fugace dei riflessi delle stelle sullo sfondo impalpabile di una oscurità che pareva carezzare l'elicottero e proiettare nell'infinito il riflesso luminoso degli apparati controllati e manovrati dal pilota, dal <secondo>, e dal passeggero che avrebbe voluto poter vedere dall'esterno il mezzo ad ala rotante , protagonista di quei momenti e poterli trattenere e trasmettere agli ascoltatori del Giornale Radio.

Testimone solitario di quanto stava realizzando il Gruppo Navale, ci si rendeva conto dell'isolamento nel quale si era immersi, mentre il pattugliamento andava sviluppandosi. Protagoniste uniche, erano le navi che formavano con i loro profili, la realtà in movimento sulle acque verdastre del Golfo Persico. Si avvertiva nettamente la lontananza dalle acque di casa e si percepiva sia la distanza, sia la nostalgia. Nello stesso tempo, si era consapevoli del compito che si doveva svolgere: il ruolo ricoperto era prima di tutto quello di testimone e, che, imponeva di documentare quanto andava verificandosi in modo da poter informare correttamente gli ascoltatori. Si era quindi di fronte a un compito dalle molte facce. E questo comportava un ruolo quanto mai complesso dal momento che era necessario avere la capacità di saper interpretare i sentimenti che affioravano nella mente dell'osservatore per tentare di riuscire a dare forma e sostanza a quanto andava concretizzandosi davanti ai suoi occhi che tentavano di percepire il messaggio trasmesso dalle varie unità che formavano la squadra navale, manovrata con sapienza dal comando. Pareva che una mano invisibile muovesse all'unisono le varie navi quasi fossero diventate una unica unità. Intanto, l'ospite meditava e idealmente cavalcava le onde per mettere ordine nelle sensazioni suscitate e tentare di catturare il messaggio fornito dal mare e poter in questo modo tracciare una rotta che consentisse di fornire ai ascoltatori la configurazione di quanto stava accadendo. Senza che l'ospite- o l'inviato- se ne rendesse conto, la mente riproponeva sullo sfondo della memoria altre immagini, altri scenari, che formavano il patrimonio della memoria dove erano racchiuse le immagini di tante altre missioni: a bordo di quante navi l'inviato aveva agito da testimone del lavoro di tanti equipaggi nel quadro della partecipazione italiana alle missioni internazionali nell'area Medio Orientale e, specificamente, del Golfo delle acque dell'Oceano Indiano prospicienti la Somalia e sino al largo del Kenya. Uno scenario sostanzialmente monotono, con una profondità visiva infinita che suscitava persino timore come se l'Oceano potesse, di colpo, rovesciarsi sulle navi e inghiottirle. Era sufficiente la voce degli specialisti che, tramite gli altoparlanti, irrompeva in plancia segnalando un bersaglio intercettato dai sensori elettronici per riportare alla realtà più fredda e sotto certi aspetti persino agghiacciante riportando alla realtà chiunque si fosse, anche per pochi attimi, abbandonato al sogno. Freddezza, determinazione, concretezza tornavano a imporre determinazione e cruda realtà all'intera forza navale, lasciando una minima traccia di isolamento che svaniva avvertendo lo sguardo indagatore del Comandante.

Senza che l'inviato se ne rendesse conto, la formazione navale aveva mutato rotta e si dirigeva abbastanza velocemente verso lo Shatt al-Arab; secondo la verità geografica lo Shatt al-Arab é un fiume lungo 200 km formato dalla confluenza di due fiumi storici, il Tigri e l' Eufrate, luogo dove ebbe origini la storia dell'umanità.

Durante questa navigazione incrociamo una unità da guerra che batteva bandiera statunitense con la prora diretta orientata a ovest verso la costa iraniana, nave sicuramente impegnata nel captare le emissioni elettroniche originate dagli apparati iraniani. Più oltre, ma non ci si spinse sin là, avvolto in una foschia impalpabile, lo Shatt al-Arab nascondeva i tratti del confine tra Iran e Irak, e suggeriva i rifessi del suo passato e i profili di vicende persino difficili da immaginare ma, talmente vere e reali nelle pieghe della memoria.

Risvegliato dall'immersione in un passato meno remoto, ma non meno reale, l'ospite rammentò che quella presenza nel Golfo era la numero quattro della sua vicenda personale e questo a bordo, ad esempio, di nave Maestrale.

Era gradevole per l'inviato, ricordare i vari imbarchi succedutisi nei vari anni durante i quali aveva esercitato la sua attività di inviato speciale a bordo di unità della Marina Militare italiana nel corso degli eventi che si erano succeduti nello scenario delle varie crisi internazionali che avevano posto il Medio Oriente e l'aerea del Golfo Persico al centro dell'attenzione internazionale, crisi poi esplosa con il primo conflitto del Golfo del 1991.

La memoria si accendeva quindi nel 1977, quando per un insieme di casualità, l'inviato mise piede a bordo di navi da guerra(ad esempio l'incrociatore Vittorio Veneto, e pure l'incrociatore portaeromobli

Garibaldi e anche il cacciatorpediniere Audace, meravigliosa nave di una eleganza straordinaria) e si trasformò in un frequentatore quasi abituale di tali mezzi. Svolgendo il suo lavoro di inviato e diventando autore di servizi radiofonici dedicati agli eventi anche bellici che segnarono il divenire della vita nell'area Medio Orientale: Golfo, Emirati Arabi, Oman, Bahrein, Iraq, Iran, Kurdistan, ovviamente Arabia Saudita, Djibouti, Somalia. In quel periodo e negli anni limitrofi, tra i molti impegni affrontati si ebbero:

3 Febbraio 1977, a bordo dell' incrociatore Vittorio Veneto per incontro con capo di stato maggiore della Marina, ammiraglio Gino De Giorgi; Febbraio 1977, Esercitazione Orsa Minore-Orsa Maggiore, a bordo del cacciatorpediniere Audace, acque del Tirreno; Maggio 1977 Maristaeli Catania; 9 Maggio 1977, ancora a bordo dell'incrociatore Vittorio Veneto; Marzo 1978, a bordo di Comdinav 3, acque dell'Adriatico; Novembre 1978, visita a Mariscuole Taranto... Un imbarco particolarmente significativo fu quello del 1990 su Nave San Marco, missione umanitaria in Romania. In seguito, Aprile/Maggio 1991, bordo di Nave Cassiopea a recuperare il petrolio riversato in mare dalla cisterna «Haven»... Febbraio/Marzo 1994, Somalia 2, a bordo di portaeromobili Garibaldi; Gennaio/Febbraio 1995, Somalia 3, ancora a bordo di portaeromobili Garibaldi...

E, ancora, tra questi periodi, numerose altre missioni: esercitazioni NATO, blocco navale alla Jugoslavia, Golfo Persico...colloqui e interviste nel Golfo Persico con il Capitano di Fregata Andrea Campregher, il Capitano di Vascello Mario Buracchia, l'Ammiraglio Enrico Martinotti (la cui gentile consorte, al rientro, mi sottopose a un garbato, ma deciso terzo grado, alla presenza del marito, per scoprire se «laggiù» vi fossero stati pericoli), il Capitano di Vascello Giovanni Giorgi, l'Ammiraglio Elio Bolongaro, il Capitano di Vascello Luigi Binelli Mantelli, il Capitano di Fregata Ippazio Prete, in Somalia.

Le lunghe giornate trascorse a bordo imponevano profonde riflessioni e altrettante ragioni di autoanalisi: tra le molte domande che il soggetto si poneva, vi erano anche quelle che si riferivano ai motivi presunti dei confronti cosi aspri tra le varie componenti esistenti nel area oggetto degli aspri conflitti: non era facile definire i moventi, forse i contrasti cosi acerrimi sarebbero dipesi dai secolari conflitti etnici tra le tribù che nel lontano passato si contendevano la presenza nelle aree geografiche attualmente classificate come Medio Oriente. La limitata conoscenza della storia, non sempre ben definita di quale fosse stato il passato di quell' area non consentiva di pervenire ad una chiara delucidazione delle cause di così violenta contrapposizione tra le varie componenti che ancora oggi si contendevano la supremazia. Vi era indubbiamente, una considerevole difficoltà nell'attribuire i ratei di responsabilità cosi come non era facile, tutt'altro, attribuire quote di colpe a questa o a quella etnia dopo un contatto cosi superficiale con quanto si poteva cogliere trascorrendo alcune settimane nelle vicinanze dei soggetti che facevano del deserto e delle oasi il loro tessuto connettivo, cosi come l'atmosfera che respiravano.

Negli sguardi dei nativi, l'inviato coglieva l'imbarazzo degli interlocutori, con i quali cercava di imbastire un dialogo con il supporto di qualcuno che disponeva di una conoscenza, sia pure superficiale, della lingua inglese o (più facilmente) della lingua francese.

Permaneva sempre un'ampia fascia di non comprensione dei motivi di fondo di diffidenza se non di palese ostilità: in realtà, eravamo considerati non solo degli stranieri, ma dei nemici storici, discendenti dei primi, cosi detti colonizzatori, sbarcati chissà quanti secoli prima e decisi a imporre nuovi idei e nuove regole di vita, ritenute blasfeme e profondamente nemiche di Allah. L'inviato decise di assumere un orientamento non solo neutrale, ma addirittura agnostico, guardandosi bene dal mescolare la sua curiosità alle questioni più radicate dei nativi, orgogliosi e intimamente nemici della sua pelle, che identificava con quella dei conquistadores, che molti secoli prima avevano assoggettato la loro terra trasformandola in una specie di magazzino dal quale trarre ogni possibile ricchezza, prima di tutto i celebri smeraldi di cui non ancora oggi si è certi della loro origine o della fonte.

Nei servizi trasmessi da bordo della nave su cui era ospite, l'inviato tentava di descrivere e di rappresentare lo scenario nel quale era immerso, al fine di dare agli ascoltatori una immagine sufficientemente chiara di quel mondo, affascinante e addirittura coinvolgente che solo una testimonianza diretta poteva consentire di percepire e assimilare. Mentre il comando delle unità che formavano la squadra navale impegnata nella ricognizione della vasta area entro cui un passato favoloso e inesplorabile, permaneva misterioso, alimentando immagini degne delle favole di Ali Baba e delle Mille e una notte, l'inviato si era isolato nella aletta di plancia, entro cui collocava le varie sensazioni suscitate nei periodi del crepuscolo e in quella fascia di tempo difficilmente quantificabile tra il tuffo del sole nell'oscurità a ponente e l'apparire sfolgorante delle prime stelle sul tappeto della volta celeste a oriente. E tra i due scenari trovava posto solo la fantasia.

Lo scenario da favola non elideva la realtà operativa che formava il tessuto connettivo e sintetizzava i compiti della squadra navale. Mentre la Somalia era una terra dove il sanguinoso confronto tra i contrapposti interessi dei signori della guerra seminavano morte, violenza e distruzione, le forze dell'ONU erano impegnate nel soffocare con una azione di deterrenza, la conflittualità divampante. Obiettivo mai completamente raggiunto, ma soltanto sfiorato e oggettivamente ben lontano da poter essere considerato conquistabile. Di fatto i vari contingenti presenti nell'aerea (statunitensi, britannici, francesi, italiani e persino pakistani) avevano avuto ordine di rimpatriare. E proprio per testimoniare il rientro del contingente italiano, l'inviato era a bordo di nave Garibaldi nelle acque davanti a Mogadiscio. Oltre ai vari servizi per il G.R. venne realizzato un ampio documentario televisivo che ebbe l'onore di essere trasmesso da numerose stazioni televisive private del territorio nazionale.

Anche se il tempo, asettico testimone della evaporazione della memoria, cancellava le emozioni suscitate da quelle esperienze, in fondo alla mente permaneva il profilo di quanto raccolto a quelle latitudini e lo ridava sotto forma di nostalgia, almeno all'emozione dell'inviato nei periodi del suo ritorno al passato e particolarmente nei momenti in cui, senza alcuna vergogna, egli ammetteva di avere vissuto in quei periodi forse la parte migliore della sua attività, sicuro come era che certa parte degli ascoltatori del G.R. e dei suoi servizi, avevano percepito le sensazioni irripetibili create dalle pennellate dalle sue descrizioni e dalla sua verità.

Il testimone di quelle impresse non si limitò a navigare per lunghi periodi sulle orgogliose unità della Marina Militare, ma anche a visitare le basi delle forze aeree ad esempio il 51° Stormo della Aeronautica Militare Italiana nella base di Istrana, il 5° Stormo della stessa, la "Casa" dei lagunari nei pressi di Venezia e quella del Battaglione San Marco, non lontana da Brindisi, lagunari con i quali l'inviato effettuò pattugliamenti in Iraq, sulla direttrice di Aleppo dove si incontravano piccoli villaggi isolati e circondati da duplice o triplice sbarramento di filo spinato, villaggi dove nelle ore notturne, nei periodi più critici del conflitto in Iraq la Polizia Segreta si Saddam Hussein compiva rastrellamenti per catturare giovani renitenti allo arruolamento forzoso nel esercito.

Il pattugliamento dei paracadutisti italiani, in realtà carabinieri paracadutisti, di un celeberrimo reggimento si sviluppava lungo una strada a quattro corsie che dal nord del paese raggiungeva le sponde del Tigri, nell'anticamera dell'Iraq. E lungo questa rotabile ogni venti, trenta chilometri si incontravano delle stazioni di rifornimento attualmente inattive.

Accadde che i parà consentirono all'inviato di dialogare con un vecchio   curdo , dotato del suo imponente turbante (quasi a ricordare i protagonisti dei libri di avventura che formavano la lettura dei ragazzi), il quale anziano con una voce grave precisava che quella pattuglia, di cui non aveva paura, si trovava nella valle dello Zakho (Zakhu), valle che dalle prime alture delle montagne si spingeva verso est.

Qui é necessario un piccolo chiarimento: mentre la valle in quel periodo era un trionfo di verde e di tranquillità grazie alla presenza dei paracadutisti del Reggimento "Tuscania" di Livorno, che sia gli americani, sia gli inglesi facevano pressioni per averli al loro fianco, non appena arrivava l'autunno assumeva una colorazione giallastra, a causa della mancanza di piogge e di una temperatura nettamente più fredda.

Inoltre, le montagne che si elevavano a monte della valle e formavano il confine geografico della valle stessa, quindi dell'Iraq settentrionale erano denominate dai locali, "Montagne azzurre" che al tramonto brillavano stupendamente perché le loro rocce sono ricche di cobalto.

Era impossibile rendersi conto di quanto fosse accaduto sullo sfondo di una giornata in cui la temperatura superava nettamente i 50 gradi all'ombra. Solo il frastuono delle cannonate, il rumore stridente dei carri armati e, sopra a tutto questo il sibilare dei velivoli alla ricerca degli obiettivi da martellare, fornivano elementi di riflessione, quasi che l'azione bellica si concretizzasse davanti agli occhi stralunati dei fanti che a bordo dei mezzi di trasporto cingolati ferivano il terreno giallastro imprimendo come nella memoria il senso di disperazione dei non molti mezzi schiantati dai colpi del nemico. Il tutto con una velocità che non consentiva di fissare nella mente il susseguirsi delle immagini, e l'eco delle esplosioni. Era indispensabile rendersi conto che il nemico era oltre la linea dell'orizzonte e di fatto rappresentava una entità indefinita e non aveva assolutamente alcunché di concreto se non l'immaginazione e l'ondata di esplosivo con la quale tentava di opporsi all'attacco.

Impossibile all'avversario riuscire a neutralizzare l'ondata di proiettili di artiglieria e di tutto l'armamento dei velivoli che venivano scaraventati su di lui.

Nel frattempo con una manovra avvolgente, i reparti corrazzati supportati dagli elicotteri sferravano un violento attacco costringendo l'avversario a tentare di sganciarsi e a raggiungere una zona del deserto in cui il suo fuoco di artiglieria garantiva un minimo di superiorità locale entro cui potersi riorganizzare e riprendere l'azione obbligando gli attaccanti a ridurre il volume di fuoco consentendo una sorta di tregua.

La superiorità tattica degli attaccanti era la dimostrazione che imponeva agli irakeni di arretrare e di fatto ammettere la sconfitta. In realtà accadeva di incrociare grossi reparti nemici che si avvicinavano, in quella che veniva definita- la terra di nessuno- con le mani alzate in segno di resa, chiedendo di cessare il fuoco, aprendo voragini all'avanzata delle forze dell'ONU, segnando il volgersi del combattimento, indicando la netta superiorità del potere aereo e, in estrema sintesi, segnando il volgersi del confronto e tentando di ridurre le perdite umane, considerata la netta inferiorità nel confronto bellico verso le forze dell'ONU, decise a chiudere il discorso e a risolvere la questione, costringendo il nemico a ritirarsi ben oltre il confine dell'Kuwait, ripristinando gli equilibri antecedenti e ponendo fine all'invasione. Nel frattempo una poderosa colonna britannica aveva chiuso, sulla sinistra dello schieramento nemico, ogni spazio di manovra, minacciando di avventarsi sulle linnee irakene qualora non si fosse verificata una resa esplicita.

L'azione delle forze britanniche, era una riedizione di quanto molti anni prima si era verificato nel deserto dell'Africa settentrionale nel durissimo confronto tra l'8^a Armata e il DAK di Rommel. Impossibile un confronto, in quanto ora il campo di battaglia era dominato dagli elicotteri controcarro e dallo strapotere del supporto aereo, sconosciuto all'epoca della seconda guerra mondiale. Sarebbe stato ingeneroso insistere nel confronto e nel voler enfatizzare il potere aereo dello schieramento dell'ONU inteso a liberare il Kuwait e a ripristinare lo status quo ante. La linea corrazzata disponeva anche di un supporto aero- navale che affiancava l'avanzata delle forze corrazzate, imponendo all'avversario durissime perdite in un confronto decisivo e senza alternative. Si era al cospetto della potenza occidentale e della impossibilità per l'avversario di far valere le sue ragioni, ammesso che ve ne fossero.

Era il momento di trarre le conclusioni di quella fase operativa, traducendola in un testo da trasmettere, nel suo significato essenziale, al Giornale Radio senza enfatizzazioni o abbellimenti inutili, e fuori luogo. Era semplicemente necessario, basarsi su quanto in effetti si poteva osservare.

Il testimone di quanto si era verificato, aveva vissuto, l'episodio, nella sicurezza del centro comando da dove le direttive ai reparti a contatto con l'avversario venivano impartite via radio. Solo in un secondo momento, quando la sicurezza fosse garantita, l'inviato avrebbe potuto ottenere l'autorizzazione e così effettuare una ricognizione sull'area del combattimento, a bordo di un mezzo ad ala rotante, onde avere la visione panoramica dell'area dove lo scontro si era avuto.

La manovra avvolgente condotta dalla componente britannica delle forze dell'ONU, intese a costringere Saddam Hussein a ritirarsi entro i suoi confini, aveva avuto successo, senza essere spinta nella sua potenziale capacità, di aggredire direttamente Bagdad, ma dimostrando di essere in grado di farlo, quale avanguardia di una formidabile linea offensiva immediatamente supportata da ulteriori colonne corazzate e motorizzate, idonee a invadere il Kuwait, con quali conseguenze distruttive era facile intuire, tenuto conto della combinazione della potenza di fuoco degli elicotteri, dei velivoli, dei mezzi corrazzati e dell'apparato di mezzi elettronici dispiegati.

Era chiaro, indubitabile, il messaggio insito nella manovra condotta dalla forza corazzata britannica e dal supporto aereo che ne formava la cornice diretta. Un messaggio esplicito non solo al Kuwait, ma all'intera situazione dello scenario entro cui si stavano svolgendo quelle manovre assolutamente inequivocabili.

Non era palese intenzione del Comando delle Forze dell'ONU di adombrare una aperta minaccia a chicchesia: se mai, quanto stava accadendo esprimeva la potenziale capacità dell'Occidente di suggerire cautela a quanti intendessero modificare gli equilibri difficilmente raggiunti in un'area dove il petrolio, e altre materie prime strategiche, rappresentavano l'argomento principale di un dialogo potenzialmente esplosivo e paralizzante.

Non sarebbe necessaria una analisi approfondita per rendersi conto che la presenza anglo- americana nell'area del Golfo aveva un significato ben preciso. Oltre i contrasti locali, vi erano i messaggi subliminali, coinvolgenti scenari, molto più ampli, che nessuno al momento voleva in qualche misura attivare. Infatti, il primo a rendersene conto era proprio Saddam Hussein. In ultima analisi, si era di fronte alla sua personale sconfitta e, conseguentemente, al rivolgimento del potere irakeno impersonificato da lui.

Secondo l'inviato- cui non competeva condurre una inchiesta sui potenziali sviluppi della situazione interna irakena, ma soltanto testimoniare quanto accadeva a seguito delle operazione belliche, badando accuratamente di non travalicare i confini del suo compito

oggettivo di testimone scrupoloso di ciò che si verificava sul campo-
era in ogni caso trasparente che lo scenario complessivo indicava che
Saddam Hussein era isolato, privo di qualsivoglia sostegno politico da
parte dei più forti soggetti dell'area e ancor meno, in quel periodo, della
forza dominante nel duello che si andava definendo nel quadro politico
economico, al cui centro svettava il difficile, insidioso, nucleo della
Guerra Fredda, in cui si ergevano, quali componenti dominanti, le due
super potenze; era trasparente, si ripete, che Saddam Hussein si era
spinto oltre il suo ruolo, privilegiando le sue ambizioni rispetto al rateo,
di potere e di manovrabilità che, oggettivamente, poteva essergli
attribuito. In conseguenza egli era sacrificabile: il prezzo da pagare per
acquetare le preoccupazioni dei gruppi dominanti nella locale guerriglia
sotterranea tra gli esponenti di spicco dei contrapposti gruppi che si
ispiravano alle filosofie sciite e\o sunnite: un aspro conflitto privo di
possibili mediazioni\soluzioni, se non con l'annientamento della parte
avversa.

Una brutale logica che dominava i rapporti delle entità etniche e
religiose di quell'area.

Una immagine netta comparve sulle sponde del Golfo che andava
restringendosi per chiudersi inesorabilmente in quello che
geograficamente é definito "Shatt el Arab".

A Oriente vi era la Costa dell' Iran mentre a Occidente vi era l'Iraq.
In realtà, lo "Shatt el Arab" é un fiume lungo 200 chilometri, formato
dalla confluenza del Tigri e del Eufrate, luogo dove nacque la civiltà.

La testimonianza di questi eventi si trova nelle pagine della Bibbia,
un documento le cui origini si perdono nella notte dei tempi e
abbracciano molti secoli della vita umana sulla Terra e neppure gli
studiosi più accaniti hanno saputo indicare, approssimamente un
periodo di inizio.

Come in tanti aspetti di quelle vicende è la Fede che dà forza alla
Verità.

La lettura delle pagine della Bibbia richiede una enorme umiltà. La
Genesi scandisce il mistero della creazione del mondo e dell' uomo.

Il primo autentico Mistero della vita umana e della sua immensa
evoluzione trova nelle primissime pagine della Bibbia il suo paradigma.

Di grande fascino è la descrizione dell'uomo nel Paradiso terrestre, in cui vi è l'albero della vita, come pure l'Albero della Scienza del bene e del male e vi era un fiume, il cui nome, dice la Bibbia, era Fison. Il secondo fiume si chiamava Gehon, il terzo era il Tigri e il quarto l'Eufrate.

Il Tigri, sottolinea la Bibbia, scorre per l'Assiria.

Trascorsero millenni e millenni e si giunse alla nostra età con gli uomini armati contro altri uomini armati in quelli che si chiamavano battaglie e guerre, e vi furono altri uomini che raccolsero le memorie tratteggiando la Storia.

Di fronte alla imponenza della storia, l'inviato si inginocchiò quasi a supplicare di avere il tempo, la forza, la determinazione di riuscire a raccontare quali furono le vicende che segnarono profondamente la terra dei normanni, che oggi tutti chiamano Normandia, dove milioni di uomini armati si sono battuti per conquistarla.

***

Vi sono alcune fotografie che permettono di concretizzare la memoria e far riaffiorare la realtà di un tempo dove l'attività prevaleva su tutto e imponeva con la sua operosità intensa e senza pausa, la presenza persino ossessiva della configurazione degli obiettivi da conseguire. Non vi erano pareti di qualsivoglia genere a chiudere l'orizzonte e la profondità era densa di ogni pensiero e il presente beneficiava dell' immensità della fantasia.

Era possibile in quella dimensione, assaporare il silenzio della mente in quegli attimi sublimi, in cui la verità non temeva violenza e la sincerità aveva il sapore autentico di se stessa, limpido e completamente poderoso come l'atmosfera appena dopo un violento temporale capace di donare autenticità e trasparenza assoluta all'aria. Allora sostava immobile inteso a contemplare la sua immagine vera, dove gli infingimenti si dissolvevano scomparendo, trasformandosi in fiotti di nuvole subito cancellate dal vento che furibondo spazzava la sua mente da ogni timore e trappola, paludando il suo essere vero di trasparenza.

Era l'eco della sua anima, il profilo autentico di ciò che era racchiuso nella sua essenza.

Difficile riuscire a non mentire con se stessi, imponendosi di affermare il vero nel tentativo di affrontare quanto accaduto ben sapendo quanto sia falso il presupposto.

Non aveva certamente dichiarato il vero sostenendo ciò che aveva proclamato: sarebbe stato pronto ad un assalto all'arma bianca, come pure a compiere una sparata tanto per farsi bello. Penoso!
Era o non era un vigliacco? Vi sarebbe mai stata l'occasione per confermarlo o smentirlo?

Gliene importava oppure anche in questa cosa avrebbe fatto ricorso al compromesso?

In ultima analisi era convinto che si sarebbe dovuto trovare di fronte al pericolo reale per avere la risposta.

Consapevole di tale stato di cose, tentò di ricordare se mai nella vita si fosse trovati al rispetto un simile dilemma, ma per quanto si sforzasse non riusciva a rammentare, purché una notte, buia e scenario di un temporale con tutti i requisiti di un uragano, si sovvenne di un episodio che faceva proprio al caso....

Di colpo, il motore dell'auto si spense e l'auto quasi per inerzia accostò lentamente, togliendosi dalla corsia di marcia.

Se non altro, non avrebbe corso il rischio di essere investito dal traffico sopraggiunto. L'orologio segnava le 02,40. Un calcolo veloce gli disse che prima di poter contattare il soccorso stradale doveva attendere almeno qualche ora, ma non se ne preoccupò.
Senza neppure allarmarsi, gli pareva che quell'inconveniente non fosse poi cosi drammatico. "Strano, si disse, non me ne importa!" e sorrise o cosi gli parve.

Avverti allora un colpo sul fianco della vettura. Si volse repentinamente a guardare e vide un' ombra o tale gli parve. Una donna senza ombrello. Abbassò il finestrino e la gridò:

- Cosa sta facendo?? Sono bloccato....
- Mi faccia salire, sono fradicia...

Tento di vederla in faccia: una donna, si disse, che gli parve di mezza età. Di colpo la prudenza riaffiorò

- Ma cosa ci fa per strada a quest'ora?

La domanda era scaturita spontaneamente.

- La prego mi faccia salire…

Era una invocazione…

Tolse la sicura e la donna aprì la portiera a fianco del posto di guida. Rapidamente salì e chiuse lasciandosi cadere sullo schienale.

- Grazie…mormorò.

- Che ci fa per strada? Chiese ancora l'uomo.

Ma quella non rispose mentre in qualche modo ripiegava l'impermeabile fradicio gettandolo sul sedile posteriore.

- Le ho fatto una domanda. Vuole cortesemente rispondere?

Ma neppure questa volta la donna si dette per intesa.

- Roba da matti, commentò. Aprì la portiera, azionò la leva per aprire il cofano, scese, rapidamente agguantò due oggetti dal portabagagli e rientrò in auto.

- Tenga, disse alla donna. Si copra e le porse un plaid.

- L'altro soggiunse, se lo avvolga sulla spalla. Se non altro, almeno per   ridurre il rischio di un malanno ,un raffreddore…. Probabilmente la donna sorrise, manifestando   gratitudine. L'uomo tentò di riavviare il motore, ma l'auto non rispose.

- Candele, eppure, ricordo, ho fatto il pieno e non ha percorso tanta strada.

- Qui, concluse- ci vuole un meccanico, forse un elettrauto.

Si volse per guardare in faccia la donna.

- Mi chiamo Andrea, le disse.

- Io Laura, rispose quella.

- Abiti da queste parti?

- No…

- E dove?

- Più avanti una ventina di chilometri, circa…

- Che le è accaduto?

- Rientravo da Roma… ho sbandato, non so perché e sono uscita di strada sull'altro lato.

- Ha urtato?

- No…sono riuscita a fermarmi…

- Allora?

- L'auto non riparte e ho paura….

- Paura? Perché?

- E' notte e se incontro qualche mal intenzionato? …dopo tutto sono una donna…

- Capisco…Lei chi è?

- Io…. sono… non capisco perché le debba dare delle spiegazioni.

- E Lei che mi ha chiesto di salire….

- Si, ma ….

- Laura mi dica…

- Cosa vuol sapere?

- Vive qui vicino ha detto.

- Si….e da sola.

- Strano…

- Perché strano?

- E' sposata?

- Si, lo sono stata… ma ora…

- E' sola, vuole dire…

- Si…

- Divorziata? Separata?

- Divorziata…da molti anni ormai…e Lei?

- Scapolo, sulla quarantina, se le interessa

- Non male…

- Come ha detto?

- Niente…la mia auto funziona, vogliamo raggiungere una località nelle vicinanze?

- L'auto è fuori strada, ha detto.

- Si, ma è possibile riportarla facilmente sulla carreggiata.

- Davvero?...e perché non lo ha fatto?

- Temevo di fare un danno maggiore se non fosse riuscita a muovermi in modo adeguato…non ho una grande dimestichezza con la guida…

- Ah! Preferisco aspettare qui, tra poco telefonerò al soccorso stradale oppure, meglio, ai carabinieri…

- Che zona e questa qual è la località dove abita lei?

- Possiamo indicarla al 113 e manderanno con qualcuno. C'è qualche albergo o locanda dove abita lei?

- Si, ma...

- Ma che cosa?

- Possiamo raggiungere la mia abitazione e poi vedremo...

- E' imbarazzante, lo capisco....

Poi stettero zitti. Decisero di aspettare per telefonare ai carabinieri mentre l'uomo mostrò a Laura un documento: c'era scritto: arma dei carabinieri tenente colonello... e seguivano nome e cognome.

Decisero di rinviare ogni spiegazione ad altro tempo, mentre cessava di piovere e a oriente apparivano i primi rifessi del nuovo giorno.

- Laura, sarà mia ospite sia a colazione, sia a pranzo...

***

A parte le fotografie che sono una documentazione ineccepibile, vi sono altre memorie che consentono di documentare quanto è stato fatto nell'attività di inviato speciale nei vent'anni durante i quali questa attività si è svolta a varie latitudini.

Uno dei capitoli di maggior interesse per il soggetto di cui trattassi, era la storia militare. È questo comportava il desiderio di visitare i luoghi dove le operazioni belliche della prima e della seconda guerra mondiale si erano svolte. Ciò comportò lunghi viaggi in Italia e in Europa.

E nel contempo, la raccolta di pubblicazioni inerenti le operazioni che si erano sviluppate negli anni dei conflitti. Tra le testimonianze più affascinanti, vi sono stati i cimiteri di guerra, sorti nelle vicinanze dei campi di battaglia e non solo; i più celebri- il Monte Grappa, Redipuglia, Cassino- e anche quelli che si possono incontrare in Francia, in Belgio e in Olanda e, segnatamente, nella zona di Verdun. Oltre queste testimonianze, altre vestigia hanno catturato l'attenzione dell'inviato, precisamente, i monumenti eretti a fianco dei cimiteri di guerra, in particolare quelli della Normandia, realizzati proprio sulle spiagge dove il 6 Giugno 1944 si ebbe l'invasione da parte degli alleati. Tra la località di Arromanches, non distante da Caen, e Sainte Mere Eglise si incontra tutta una serie intensa di testimonianze tra cui numerosi musei, che hanno un enorme potere emotivo, anche perché su quelle spiagge si è sviluppata la storia dei nostri giorni.

La ricerca storica si è protratta per lunghi anni con pazienza e tenacia e molti nomi sono entrati nel linguaggio comune per indicare luoghi in cui le emozioni sono state formidabili: Omaha Beach, la Pointe du Hoc, Utah Beach.

Vi sono poi delle testimonianze che rimangono impresse più di altre, ad esempio, la Voie de la Liberté, che parte dalle spiagge dello sbarco esattamente da Utah Beach e raggiunge Bastogne in Belgio. Una via segnata da cippi molto eleganti. Alcune delle spiagge dello sbarco sono rimaste come erano nel momento di quelle operazioni militari.

Da questo punto di vista, i francesi sono stati più rispettosi degli italiani, i quali ultimi, ad esempio, non hanno ritenuto opportuno realizzare, negli anni immediatamente seguenti la fine del conflitto, alcun museo degno di tale nome a Cassino, e ad Anzio. Che pure sono stati teatro di combattimenti aspri e molto significativi di quel conflitto.

Il percorso della memoria

Per l'inviato speciale deciso a vincere la sua scommessa, la Normandia era la "terra promessa".

Aveva letto tutto quanto era possibile e non vedeva l'ora di poter trovare sul luogo le conferme dei documenti che avevano formato le immagini delle sue speranze. Infatti, una sua caratteristica si concretizzava in quanto segue: vedere dal vivo quanto gli storici e i memorialisti avevano scritto sugli eventi affascinanti e tragici della guerra che si era dipanata in Normandia.

Psicologicamente era pronto a dedicare alla sua ricerca tutto il tempo necessario, raccogliendo anche, ove possibile, tutta la documentazione preferibile nella sua lingua, in modo da poter assaporare la verità e placare la sete di informazioni, possibilmente ancorandole ai luoghi, teatro di quanto accaduto. Era questa una sua caratteristica: la ricerca alle volte richiedeva molto tempo, anche perché il tempo aveva modificato i scenari: la vegetazione si era impadronita nuovamente dei panorami coprendo i resti delle trincee e modificando gli scenari stessi. Pur conservando sotto la vegetazione gli originali che avevano formato le linee contrapposte a qualche centinaio di metri dalle medesime erano state collocate le tombe dei Caduti: ora unica tragica testimonianza di ciò che era stata la battaglia.

Solitamente i piccoli cimiteri si stagliavano sul piatto panorama della campagna francese e inducevano a qualche momento di raccoglimento mentre la fantasia galoppava cercando di rendere vive quelle fosse non più sepolcro di valore e sovente di eroismo, ma di polvere gloriosa. Si percepiva una profonda sintonia tra l'ossario e le immagini create dal visitatore. Quasi che i tumoli avessero un nuovo linguaggio.

Proseguendo il pellegrinaggio, solitamente si perveniva a un cimitero di guerra imponente, dove le urne parevano soldati schierati, pronti a marciare verso il triomfo.

Sovente, il visitatore avvertiva lo scorrere di una lacrima lungo la sua guancia. Ma non se ne turbava: era un muto messaggio della verità trasmessa da quei tumoli e da quelle lapidi. E questo accadeva principalmente nel Nord della Francia in quella terra del Pas-de-Calais che aveva visto tanti anni prima fiammeggiare la lotta nella orgogliosa corsa al mare delle truppe imperiali germaniche e la difesa intrepida dei figli di Francia.

Con la mente stanca, inseguiva immagini diafane, un cimitero di guerra visto nel corso di una notte brava, durante la quale aveva percorso una strada sconosciuta che portava ad un cimitero statunitense dove, scoprì era possibile muoversi all'interno con l'automobile, ma quella volta soltanto, essendo poi stato, in seguito, difficilissimo ritrovare quel percorso. Questa volta era deciso a ritrovarlo.Anche perché, quel mausoleo era veramente affascinante e meritava una lunga riflessione.

Solo un altro luogo lo aveve talmente soggiogato. Era quasi certo si trattasse di Liegi, esattamente due cimiteri di guerra quasi contigui, separati da alte siepi. Un cimitero anglo-americano e uno germanico. Li si raggiungeva percorrendo un sentiero erboso, che ne formava il confino, sostituito nella parte finale da una filare di alberelli e cespugli rigogliosi che nascondevano solo parzialmente le lapidi, di cui una, sola, orgogliosa, posta frontalmente alle altre, era dedicata al generale statunitense PATTON, l'autentico fulmine di guerra al comando della poderosa Terza Armata, protagonista, tra l'altro della corsa per soccorrere Bastogne. E allora, in quel clima da epopea, dove i versi di Omero e di Enea -e persino quelli del sommo Dante - sarebbero parsi inadeguati, ci si fermava, come irrigiditi dallo stupore... la brezza del primo gelo delle Ardenne, rivelava l'anima segreta di quella terra, incidendoti nel profondo e immergendo nella tua carne la memoria di quello spettacolo, e il ritornello dello stormire dei cespugli, parea, non vi era alcun dubbio, far tornare vivi i morti in battaglia, e intonar il canto dell'orgoglio.

Il lungo percorso che l'inviato speso sceglieva per raggiungere le coste della Normandia e, quindi, il teatro dello sbarco del 6 Giugno 1944, era già un impresa non da poco.

In sintesi, si trattava di attraversare la Francia d Est a Ovest.

Risalire da Roma sino a uno sbocco frontaliero in terra francese (Ventimiglia, Traforo del Monte Bianco, oppure, dopo aver superato le Alpi mediante il Traforo del San Gottardo volgere a sinistra e raggiungere Basilea e subito dopo Mulhouse, poi volgere a ovest sfiorando Parigi e puntando su Caen).

Tutto l'impegno profuso era teso a raggiungere Caen. L'inviato fu colpito dal portale d'ingresso di una chiesa importante di questa località: la città era stata pesantemente bombardata dal mare e dall' aria e il portale era stato inclinato sulla sinistra dalle esplosioni delle bombe lanciate dai velivoli e dai proietti sparati dai grossi calibri delle forze navali che proteggevano le truppe sbarcate.
La visione del portale inclinato era stata conservata a monito della violenza e della durezza della battaglia condotta per liberare Caen, uno dei momenti più tragici dei combattimenti condotti dagli alleati per ampliare la testa di sbarco e costringere i tedeschi a ritirarsi. La battaglia per la conquista di Caen durò più di due mesi: Caen fu distrutta per il 75 % del suo sviluppo urbano.

Prendeva le mosse da questa città ricostruita, l'itinerario dell'inviato per andare alla scoperta delle testimonianze dell' invasione alleata e delle vestigia che segnavano il percorso suggerito ai visitatori. Si percorreva una terra sulla quale più di mille bombardieri alleati avevano sganciato il loro carico bellico, bombe dirompenti e incendiarie. Il dettaglio di quali furono le incursioni alleate fa parte del museo-memorial della Battaglia della Normandia. Dalla città di Caen si scende a Bayeux dove si visita un interessantissimo museo della battaglia e soprattutto la celeberrima Tapisserie che documenta le impresse normane in Francia, senza dimenticare che un normano divenne Re di Gran Bretagna. Da segnalare che la città di Bayeux fu liberata senza combattimenti il 7 Giugno 1944 e offre al visitatore il fascino intatto di una città medievale, il cui grande protagonista fu Guglielmo, che conquistò l'Inghilterra muovendo appunto dalla Normandia.

La città è sede di un grande cimitero di guerra dove riposano 4.116 Caduti nelle terribili fase dello sbarco.

Lo sbarco in Normandia pianificato dall'alto commando alleato prevedeva l'assalto lungo un fronte che cominciava ad Ouistreham sino a Ravenoville. Questo ampio territorio era suddiviso in cinque spiagge, ciascuna con un proprio nome in codice e uno specifico obiettivo dell'invasione. Nell'area più meridionale si avevano le spiagge di Utah e Omaha dove dovevano sbarcare gli americani. Risalendo verso Caen si avevano le seguendo spiagge: Gold, Juno e Sword rispettivamente destinate all'attacco dei Canadesi e dei Britannici.

L'invasione prevedeva tra l'altro l'impiego di ingenti forze avio lanciate. Utah Beach era l'obiettivo dei paracadutisti americani mentre la zona di Sword avrebbe visto l'assalto dei paracadutisti britannici. Le forze avio- lanciate formavano le ali esterne del fronte di attacco. Da Utah Beach a Sword l'invasione avrebbe visto, in sequenza, lo sbarco di 4 divisione di fanteria americana, della 50.a Divisione di Fanteria Britannica, della 3.a Divisione di Fanteria Canadese e della 3.a divisione di Fanteria Inglese.

Unitamente alla 3.a divisione inglese sbarcarono truppe francesi, esattamente: , i "Commando", agli ordini del Capitano di corvetta Philippe Keiffer.

Un' operazione cosi complessa impose agli alleati una enorme quantità di misure di sicurezza : per celare ogni possibile fessura nella riservatezza dei preparativi dell'invasione, il Generale Eisenhower e i suoi più stretti collaboratori ideorono l'operazione Fortitude, con l'obiettivo di accreditare negli ambienti nemici la tesi secondo la quale lo sbarco offensivo si sarebbe avuto in Norvegia e al Pas- de- Calais : per dare sostanza a questa tesi, crearono una armata fantasma (mediante carri armati gonfiabili), intensa attività radio, da parte di strutture situate in Scozia e nel sud del Inghilterra.

Dopo lunghi dibattiti, scaturì la decisione definitiva: il piano di battaglia vide assegnate per lo sbarco degli americani le spiagge di Utah e di Omaha, mentre la seconda armata britannica ebbe quale primi obiettivi le spiagge di Gold, Juno e Sword situate tra Arromanches e Ouistreaham; nell'armata britannica erano inseriti contingenti canadesi, francesi, polacchi…

Il grande arco sul quale si sarebbe avventato lo sbarco aveva due zone, definite ali, sulle quali si sarebbero lanciati i paracadutisti: a nord i Britannici, a sud gli Statunitensi.

In sintesi tre divisioni aviotrasportate sarebbero state lanciate durate la notte precedente l'assalto in modo da conquistare e tenere i fianchi della futura testa di ponte.

La spiaggia di Omaha fu teatro di una fortissima resistenza da parte tedesca: nel complesso il giorno 6 Giugno 1944 gli alleati riuscirono a sbarcare 155.000 uomini e 20.000 veicoli. L'intera armata di invasione disponeva di 7.000 navi, 6.000 velivoli da combattimento, mentre nel totale più di 2 milioni di soldati alleati presero parte alla battaglia di Normandia, una battaglia che durò cento giorni. Impressionante il bilancio dei combattimenti. Più di 40.000 i caduti alleati, e ben 160.000 i feriti.

Ma tutto ciò non rappresentò la fine dei combattimenti perché i tedeschi non mollarono cosi facilmente. Si aprirebbe qui un dibattito tecnico-tattico-operativo sugli errori commessi da Hitler, nel non dare retta a Rommel. Il panorama della Normandia, teatro dei combattimenti, con, da un lato, i alleati spinti a spezzare la tenace resistenza germanica e, dall' altro, appunto, i germanici disperatamente tesi a sfruttare ogni opportunità per frenare la poderosa offensiva, utilizzando anche le devastazioni delle città, dei villaggi civili trasformati dai bombardamenti aerei in ammassi di rovine. Basti dire che la città Le Havre era distrutta al 85%: la Normandia ha pagato un pesante tributo alla guerra: località anche antiche rase al suolo, monumenti devastati, reperti storici fulminati dagli attacchi aerei, l'intera economia della zona, letteralmente dissolta. Oltre 20.000 i civili normanni vittime della battaglia.

L'area costiera investita dall'attacco e dallo sbarco (non si dimentichi il ruolo di sostegno fornito dalle artiglierie delle navi posizionate di fronte alle spiagge), in una configurazione ideale teatro dell'esordio seguito all'impatto iniziale dello sbarco, si stendeva dal fiume Orn (spiaggia Sword) sino alla penisola del Cotentin (spiaggia Utah), spiaggia che sottintendeva la chiara intenzione del comando alleato di occupare rapidamente Cherbourg, onde disporre di un porto dove far affluire i rifornimenti vitali per il proseguo del offensiva.

I danni inferti alla Normandia furono sicuramente terribili: in particolare nella Bassa Normandia le città di Caen, Lisieux, Falaise, Vire, Sainte- Lò, Coutances, Valognes subirono danni e distruzioni superiori al 70%.

Nel Calvados, zona storicamente importante e ancor più nel campo agricolo, 33.000 abitazioni furono distrutte e poco meno di 70.000 danneggiate . Nell'Alta Normandia Rouen e Le Havre, subirono identica sorte. L'opera di ricostruzione si estese sino alla metà dei anni '60. Conviene segnalare che, mentre ancora la battaglia era in corso, i comuni della Bassa Normandia pensorono al turismo legato allo sbarco e cominciarono a lavorare in questo senso, creando, nel Maggio del 1945, il Comitato dello Sbarco, una associazione guidata dal prefetto Triboulet. Questa iniziativa intesa a predisporre le strutture turistiche ove ospitare i veterani e i turisti venne favorita anche da due film di grande successo : " Le jour le plus long" 1962 e " Il faut sauver le soldat Ryan"- 1997, inoltre , con una regia sapiente venero enfattizzati alcuni luoghi dei combattimenti come la Pointe du Hoc e i 27 cimiteri di guerra disseminati nel territorio.

I cimiteri di Colleville (americano), quello di La Cambe (tedesco) e, infine, quello Britannico di Bayeux, sono definiti dai documenti ufficiali i più impressionanti".

Le vestigia e i luoghi di memoria, sono accomppagnati da una fitta rete di musei che invitano i turisti, come i reduci, a visite pazienti, fornendo informazioni preziose e integrando il messaggio insito nella battaglia decisiva della seconda guerra mondiale in Europa, unitamente a quelle di el- Alamein e Stalingrado.

Memorie, raccoglimento, riflessioni sono i requisiti che accompagnano i turisti più attenti e sensibili al messaggio contenuto nelle vestigia e nei documenti concreti che segnalano i luoghi dove più aspra fu la battaglia e dove oggi, e ancora nel futuro, la memoria non solo sopravvive, ma domina lo scenario.

La pagina dei musei merita opportuno spazio.

Premessa: non tutti, magari, ricordano che lo sbarco del 6 Giugno 1944 ebbe anche un risvolto da film giallo. Il servizio segreto tedesco, cui va il merito di ciò che segue, intuì per tempo, quale sarebbe stato il momento e il luogo dell'attacco alleato, ma l'Alto comando germanico non prestò fede a tale intuizione, con i tragici seguiti, per i germanici, noti a tutti.

Uno strumento preziosissimo utilizzato dagli alleati per essere in contatto con le varie frange della resistenza nel Europa occupata era la radio, La BBC.

E proprio ascoltando la radio e studiando i numerosissimi messaggi cifrati e lanciati, ad esempio :"Camillo ha la barba bianca", il servizio crittografico germanico sottolineò la seconda parte del messaggio, un verso di una poesia di Verlaine; era l'inizio della "Chanson d'automne": " Les sanglots longs\ des violons de l'automne\…"

Dopo uno snervante lavoro di ricucitura di altri radio messaggi cifrati il servizio segreto tedesco appurò che quelle prime parole della Canzone d'autunno di Verlaine rappresentavano l'avviso dell'imminente sbarco alleato.

Ancora: la seconda parte del messaggio " ...\blessent mon coeur\ d'une langueur\ monotone.", avrebbe comunicato che l'invasione era imminente.

Tornando ai musei bisogna uscire momentaneamente dal clima squisitamente turistico e considerare il significato di tali vestigia come un messaggio lanciato nel infinito della memoria da quanti vissero in prima persona lo sbarco e la Battaglia di Normandia.

Uno dei luoghi più significativi dello sbarco e della relativa battaglia fu la località Sainte Mère Église dove uno dei paracadutisti americani, spinto da una folata di vento, finì impigliato sul tetto del campanile, rimanendo in quella delicata posizione per molte ore, mentre le campane suonavano a distesa in quanto nei pressi era divampato un grande incendio non provocato da combattimenti. Ancora oggi i turisti possono ammirare un manichino con tanto di paracadute appeso al campanile. Il museo di cui si fa cenno, è correttamente definito Musée Airborne.

Sé ci si sposta di pochi chilometri verso la costa si giunge a Sainte Marie du Mont, dove si può visitare il Museo dello Sbarco, che ha un motto altamente significativo, riferito ai caduti dei combattimenti svoltisi in quel area :" Leur sacrifice\ notre liberté".

Per quanto riguarda invece i paracadutisti britannici bisogna risalire nella zona di Ranville- Benouville, dove si visita il museo della 6° Divisione Aviotrasportata Britannica, cui è dedicato il Memorial Pegasus.

Merita una lunga sosta il Memorial di Caen. Oltre le vestigia afferenti la lunga battaglia e consigliabile dedicare tempo e attenzione alla Tapisserie, di cui si è detto sopra.

Sempre parlando di musei e di vestigia si passa al Centre historique des parachutiestes du Jour-J a Sainte -Côme- du Mont Carentan.
Una particolare menzione merita la "Voie de la Liberté".

Un percorso tra le aree più direttamente coinvolte nella Battaglia della Normandia e dove gravitava la testa di ponte alleata protesa a conquistare terreno per poter svolgere pienamente il compito per il quale le armate alleate erano state costituite.

Questa via che si sviluppa da Cherbourg sino a Bastogne in Belgio, tocca St. Lò, subito dopo St. Malò, Rennes, Angers e poi raggiunge Chartres, poi la storica località di Fontainebleau; più oltre si incontrano Reims e la sua severa Cattedrale, subito dopo si entra in un territorio sacro per i francesi (quelli che hanno buona memoria), ci si riferisce a Verdun, ai suoi forti, alle sue vestigia, ricordando la tragica serie di battaglie della Grande Guerra che richiese complessivamente, tra francesi e germanici, oltre mezzo milione di caduti. Ai margini di questa zona sacra, vi è un Museo e percorrendo il luogo dei combattimenti, si incrocia un luogo in cui una tragica lapide ricorda che "lì" sorgeva un villaggio completamente distrutto e non più ricostruito.

La via prosegue da Verdun a Metz, poi in Lussemburgo e in fine a Bastogne in Belgio.

Ogni spiaggia dello sbarco ha una sua storia.

Meriterebbero, ognuna, una descrizione molto dettagliata per onorarne il significato. Senza fare delle graduatorie, si può dire subito che la spiaggia di Omaha fu quella che ebbe il destino più complicato, in quanto, proprio a Omaha lo sbarco corse il rischio di fallire. Gli uomini della 1° e della 29° divisione statunitensi vissero un autentico inferno. Le perdite furono terribili. Non si riusciva a sfondare l'apparato difensivo costituito dai tedeschi, confermando quello che aveva detto Rommel qualche settimana prima.

In tanto, i rangers conquistavano eroicamente la Pointe du Hoc. L'obiettivo era importante dato che da quella altura si poteva osservare sia l'intero sviluppo della spiaggia, sia, al largo, lo schieramento delle navi da guerra alleate, che con le loro artiglierie battevano sia la spiaggia, sia il retroterra, da dove potevano anche sopravvenire ulteriore forze germaniche.

Inoltre, nella zona era prevista la realizzazione di un porto artificiale (Mulberry A) struttura che avrebbe dovuto fare il paio con quella che gli inglesi avrebbero poi allestito davanti ad Arromanches). Una terribile tempesta durata dal 19 al 21 Giugno 1944, sconvolse il mare e tutto quanto era stato predisposto per la realizzazione del porto artificiale.

Considerando che la Poite du Hoc- fortemente organizzata e poderosamente armata, rappresentava per i tedeschi un posto di osservazione quasi vitale. Per togliere di mezzo questo ostacolo, il Comando americano decise di distruggere l'obiettivo nemico con il fuoco delle artiglierie delle corazzate. In particolare, la nave da battaglia Texas, prese parte al bombardamento sparando 600 salve dei suoi pezzi da 356 mm. L'assalto alla Pointe du Hoc fu compito dei rangers, che dovettero scalare una falaise mediante corde lanciate con particolari mortai. Le perdite subite non furono lievi: 135 rangers su 225 furono messi fuori combattimento. A conferma dei violentissimi combattimenti che si ebbero in quell' area dello sbarco, si deve notare che il cimitero militare germanico "de la Cambe" è la più grande necropoli dell'intera Normandia: ivi sono raccolte le salme di 21.500 soldati tedeschi caduti durante i combattimenti del 1944. In questo cimitero non vi sono lapidi, ma semplici gruppi di cinque croci nere, disseminate nei prati che formano la necropoli: erba rasata quasi a zero. Una visione che *laisse sans voix*.

Visitare il cimitero di guerra di La Cambe e subito dopo la Pointe du Hoc significa entrare in quella particolare dimensione della storia, dove sono conservati i significati più profondi di ciò che più trivialmente si classifica: senso del dovere.

Mentre a Omaha Beach si combatteva selvaggiamente, le truppe britanniche sbarcavano sulle spiagge Gold, Juno e Sword e riuscivano impetuosamente a neutralizzare i punti fortificati, conquistando rapidamente terreno all'interno, favorendo, in tal modo, gli americani in crisi a Omaha.

Al vertice della falaise, scalata dai rangers è stato collocato un monumento simbolico a perenne memoria dell'impresa compiuta dai militari americani. Il monumento consiste in un obelisco che si erge sul margine estremo della falaise, quasi a mostrare impetuosamente lo sforzo straordinario compiuto dai rangers per imporsi al nemico, avvinghiandosi alle ruvide labbra della falaise.

Conviene ricordare che l'entro terra della falaise era stato minato dai tedeschi e tale rimase anche nel dopo guerra. Secondo voci anonime, ma non casuali, corroborate nel tempo, l'intera zona denominata Pointe du Hoc venne bonificata solo quando venne realizzato il film " Il giorno più lungo". Ora, infatti, i visitatori possono spingersi sino al monumento e chi non teme le vertigini, può guardare dall'alto il precipizio scalato dai rangers e vedere gli aneli d'acciaio dove erano agganciati i militari tedeschi che sparavano sul nemico che stava salendo in cordata. Il territorio dello sbarco e delle furibonde battaglie che ne seguirono, hanno disseminato una fitta rete di testimonianze e principalmente di musei, a conferma sia del profondo significato che la gente francese attribuisce alla liberazione dopo oltre quattro anni di occupazione tedesca, sia dell'ammirazione nei riguardi degli alleati e della stessa resistenza interna, senza la quale- per quanto si riferisce alle informazioni trasmesse a Londra- l'impresa dello sbarco avrebbe incontrato difficoltà enormemente maggiori.

Bisogna ricordare che l'area costiera della Pointe du Hoc, conquistata dai rangers statunitensi, è territorio sotto sovranità americana a seguito di un accordo ufficiale tra i due governi firmato l'11 Gennaio 1979 a Parigi dall'ambasciatore statunitense, Mister Hartman e dal " Secrétaire d' Etat aux Anciens Combattants, M. Maurice Plantier".

Nei giorni nostri, il territorio della Pointe du Hoc, danneggiato dalla battaglia, rimane esattamente tale e quale i rangers lo conquistarono al termine dei combattimenti il pomeriggio dell' 8 Giugno 1944. Unico aspetto nuovo, il monumento in granito che reca una semplice scritta : " Qui dimorano dei combattenti. Il caos della battaglia gli ha uniti per l'eternità".

La visita ai musei richiederebbe alcuni mesi. Qui ci limiteremo a elencare i più importanti, suggerendo, in ogni caso, al turista, denominato dalle guide " *pèlerin*", il museo dello Sbarco di Arromanches (1954), il Museo dello Sbarco di Utah Beach (1962),

Airborne Museum di Sainte Mère Eglise (1964), il Museo della battaglia di Normandia di Bayeux (1981), il memorial Pegasus di Ranville- Benouville, il centro Storico dei Paracadutisti " du Jour-J" DI Saite Come – Du- Mont Carentin. Sono i più antichi e sono i protagonisti della " trasmissione della memoria, evocando i combattimenti e la sorte dei civili".

Vi sono poi fotografie- ormai divenuti simboli dell'epopea dello sbarco, ad esempio la foto del monumento del cimitero americano di Colleville sul Mer, le croci nere del cimitero tedesco di La Cambe, e la foto del cippo numero 1 della Voie de la Liberté.

In realtà, per molti visitatori, la zona dello sbarco del 6 Giugno 1944 ha un significato quasi religioso. Un visitatore che per la prima volta decida di avventurarsi nella dimensione dello sbarco, oltre al fascino insinuante dei cimiteri di guerra dovrà confrontarsi con particolari vestigia: una pagina di storia e di guerra senza uguali.

Il Muro dell'Atlantico, anche se frantumato dall'assalto degli alleati, fu, in ogni caso, un ostacolo non sottovalutato e tanto meno puramente simbolico. Lungo tutto il suo itinerario, si incontrano le Batterie: quella di *Longues Sur Mer*, quella di *Merville*, le Batteria della *Cote Fleurie*, la Batteria *d'Houlgate*, la Batteria *Du Mont Canisy*.

I mesi che l'inviato dedicò alla ricerca nell'area dello sbarco del 6 Giugno 1944, avevano un punto iniziale nella città di Caen, da dove dopo aver fissato l'alloggio, si spingeva verso la costa atlantica per raggiungere la prima tappa del suo pellegrinaggio: il Café Gondrée, nella zona di Pegasus Bridge e, subito dopo, Ranville, con il suo cimitero di guerra. La proprietaria del Café Gondrée, primo obiettivo liberato dagli alleati la notte sul 6 Giugno, è la signora Arlette Gondrée. La casa, nel 1934, era stata comprata dai suoi genitori.

Il primo obiettivo degli incursori britannici nella notte sul 6 Giugno era costituito da un ponte…

È' importante sottolineare che il Feldmareschialo Rommel, il 20 Marzo 1944 e ancora il 9 Maggio, annotava nei suoi appunti :" Viaggio di ispezione nel Cotentin, che parrebbe essere l'obiettivo principale dello sbarco nemico. ", rimarcando che lo sforzo principale alleato sarebbe stato in Normandia e, in secondo luogo, in Bretagna. Soltanto dopo la fine della battaglia di Normandia e l'occupazione di Parigi fu possibile ricostruire nella sua sostanza autentica quanto era accaduto nei momenti cruciali immediatamente dopo lo sbarco, e, ancora prima, quali fossero stati i piani predisposti dal comando alleato. Tutto ciò è stato variamente notato e commentato nelle pubblicazioni rapidamente allestite, primo, per orientare le migliaia di turisti che letteralmente invasero e ancora oggi invadono, la zona dello sbarco del 6 Giugno 1944 e, secondo: per dare una visione meno caotica del turbine di eventi che erano seguiti alla presa di terra delle forze alleate, contrastate dal fuoco furibondo della prima linea difensiva germanica e premessa essenziale per una penetrazione all'interno. Le forze di punta della grande armata alleata sono state le divisioni dei paracadutisti americani, britannici, canadesi, polacchi.

In particolare, l'azione delle truppe paracadutate britanniche a est della zona di sbarco vedeva quali protagonisti i reparti della 6° Divisione aviolanciata, al comando del Maggior Generale Sir Richard Gale. La missione prevedeva di tenere il fianco sinistro della testa di ponte e per questo, era indispensabile di conquistare tra la mezzanotte e l'alba del "Jour-J" alcuni ponti tra Caen e il mare, annientare la batteria tedesca di Merville e assumere il controllo diretto dei cinque ponti della valle della Dives.

Seguirono vicende degne di passare alla storia, e cosi è stato. Cinque zone di atterraggio vennero individuate e scelte. Poco dopo la mezzanotte del 5 Giugno (in effetti poche ore prima dello sbarco), sei alianti prendevano terra sulle difese tedesche del Ponte di Bénouville, per assumere il controllo del terreno e consentire, così, il lancio dei paracadutisti. L'operazione ebbe successo; il ponte non venne distrutto dai tedeschi, ma conquistato dai paracadutisti, mentre il 9° Battaglione neutralizzò la batteria di Merville. Poco prima delle cinque del mattino il comandante dei paracadutisti, incaricato dell'operazione preventiva segnalava alle navi al largo che la batteria era stata occupata.

L'intera vicenda dello sbarco e delle operazioni strettamente connesse, è densa di "nomi" apparentemente misteriosi, non riscontrabili sulle mappe, ma soltanto inseriti in documenti segretissimi: ad esempio Pegasus Bridge, all'epoca solo un nome in codice, divenuto poi, per decreto governativo francese, denominazione amministrativa, tale da apparire ufficialmente nella topografia ed è proprio qui che quei tre alianti presero terra, a poche decine di metri dalle truppe tedesche, che dovevano proteggere il ponte. I parà rapidamente conquistarono1 il controllo del ponte stesso accertandosi che il nemico non avesse già predisposto tutto per farlo saltare e, rendendo così impossibile al nemico stesso il controllo delle strade che conducevano sia alla batteria di Merville, sia alla costa. Tra le altre conseguenze dell'azione dei paracadutisti , impedire ai tedeschi di far affluire rapidamente rinforzi per bloccare l'incursione alleata.

Notazione importante: i primi tre alianti toccarono terra ad una velocita di 150 km\h e vennero interpretati dalle sentinelle tedesche come possibili bombardieri danneggiati dall'intenso fuoco contraereo germanico. I punti di impatto dei tre alianti sono ora evidenziati da tre cippi a conferma della meticolosità con la quale i francesi intendono documentare lo sbarco del 6 Giugno 1944 e fornire agli storici, ai commentatori e al pubblico, la più vivida realtà di quello che accadde in quella terra.

Un lunghissimo pellegrinaggio nella zona dello sbarco in Normandia richiede molto tempo e profonda deferenza nei riguardi dei luoghi, delle località e delle vestigia che ne formano in modo indelebile la vicenda militare, umana e storica. Pellegrinaggio che offre ulteriori periodi di riflessione e di commozione: località francesi che evocano vicende drammatiche costellate da monumenti funerari che ne tracciano la sostanza umana e spirituale.

Avranches, Saint- James, Hiusnes- Sur- Mer, Mortain, Saint-Barthélemy e, in particolare, "la poche de Falaise".

***

C'è un'ombra di rimpianto nelle riflessioni dell'inviato speciale sul punto di deporre definitivamente e, idealmente, la <penna> : non aver potuto visitare, come avrebbe desiderato e come sarebbe stato opportuno, il <Nord Africa>, e alcune delle più importanti zone dove la guerra del Pacifico è stata particolarmente importante.

Avendo dovuto fare di necessità virtù, chiude queste notazioni con alcune considerazioni che nulla possono modificare del presunto valore e del possibile, ma improbabile, rilievo di quanto ricordato nelle pagine precedenti.

Si è ritenuto possibile colmare le vistose lacune della preparazione e della documentazione, mediante la lettura di copiosi studi e analisi frutto del lavoro di protagonisti, analisti, autori accreditati di fama e di riconoscimenti, da parte di personaggi di rilievo vissuti prima e durante le varie vicende, non dimenticando, in quanto ritenuto di una certa indiscutibile validità, l'esperienza maturata vivendo numerose vicende critiche personalmente, documentandole e acquisendole quali soggetti di indagini, inchieste, interviste, reportages originali. Lo scrupolo si è spinto, fin dove possibile, nel consultare forse personaggi di semplice contorno, ma in ogni caso testimoni che vissero e contribuirono a creare quanto andava svolgendosi nella cruda realtà dei combattimenti. Persone che hanno posto come condizione di essere mantenute nell'anonimato, ma che lo scrivente ben conosce e ringrazia.
Per chiarezza: protagonisti di operazioni belliche nel Nord Africa, nell'ex Impero, a Tobruk, di lunghi anni di prigionia in India e in Kenya (tra cui alcuni stretti parenti), altri con attività operativa in mare a bordo di sommergibili impegnati nell'Atlantico e nel Mediterraneo…senza dimenticare i ricordi e le testimonianze dei reduci, filtrate da riscontri oggettivi, sulla base di ricostruzioni documentali scrupolose. Le lunghe ore notturne dedicate ad ascoltare i ricordi vivissimi di alcuni piloti impegnati nei bombardamenti su Tobruk, e ancora: i lunghi e sovente tormentati periodi di isolamento dedicati all'analisi di dossier, allo studio di documenti (stralci) reperiti negli archivi… snervanti le pause obbligate i mposte dalle difficoltà di completare una ricerca, in quanto i documenti risultavano incompleti se non irreperibili, per presunte cause di guerra, se non a causa di esplicita malafede…
Orgoglioso di determinati risultati, come, ad esempio, il lungo colloquio con il professor Tiberio e la sua battaglia sul fronte del radar. Immensa l'amarezza nell'urtare contro errori clamorosi, dei massimi

dirigenti delle operazioni belliche come pure di soluzioni trasparenti, già disponibili, e fraudolentemente ignorate.
L'inviato non ha mai cercato protezioni, sostegni, o altra forma di supporto di credibilità, basando le sue tesi e le sue prove solo ed esclusivamente sui documenti, tuttora consultabili.
Egli è stato ignorato, seppellito nel silenzio, mai contraddetto o <pescato> in fallo. Nessuno ha mai potuto affermare e documentare che egli abbia scritto proclamato o dichiarato il NON VERO.

Con ciò l'inviato non ha inteso sostenere che sarebbe stato possibile vincere la guerra. Ha inteso invece, ed esclusivamente, inequivocabilmente, dimostrare che sarebbe stato possibile condurla in modo ben diverso in quanto si poteva e doveva, con umiltà, mettere in campo un arsenale di ben più sostanziosa validità, in quanto disponibile, rispetto a quello che si è penosamente, criminalmente utilizzato: ad esempio: il radar dal 1939 (!!!), velivoli alla pari se non superiori a quelli britannici, dal 1938 e altro (ad esempio aerosiluranti, mezzi controcarro, semoventi, mitragliatrici di ultima generazione....) che si è segnalato e documentato nei testi scritti e pubblicati a proprie spese.
Nessun eroismo, sia chiaro! Solo ed unicamente rigoroso rispetto della verità storica.

Vincenzo Piero Baroni,
giornalista professionista.
Inviato speciale e di guerra della Rai Radiotelevisione Italiana

Roma, dicembre, 2017

Made in the USA
Lexington, KY
28 February 2019